# 赢在运营

## 微店引流、推广、管理一本通

沈 超◎著

人民邮电出版社

北 京

图书在版编目（CIP）数据

赢在运营 ：微店引流、推广、管理一本通 / 沈超著
. -- 北京 ：人民邮电出版社，2015.10
ISBN 978-7-115-40466-4

Ⅰ. ①赢… Ⅱ. ①沈… Ⅲ. ①网络营销 Ⅳ. ①F713.36

中国版本图书馆CIP数据核字(2015)第212356号

## 内容提要

伴随着移动互联网的快速普及，微店正在成为移动电商领域的焦点。虽然开设微店的门槛较低，但要想开一家生意红火的微店，就必须在装修、运营、客服这三个方面下功夫。其中，运营是吸引顾客、提升销量的关键环节，微店店主必须给予充分重视。

本书内容涵盖微店定位、功能设置、引流、推广、文案撰写、促销、订单管理、运营效果评估八大方面，能让读者对微店运营及相关操作流程有一个全面、细致的了解。书中有大量图文并茂的实操案例，即便是刚刚上手的微店卖家，也能迅速掌握操作方法。

本书适合广大微店店主以及想要开设微店的读者阅读。

◆ 著 沈 超
责任编辑 姜 珊
执行编辑 田 甜
责任印制 焦志炜
◆人民邮电出版社出版发行 北京市丰台区成寿寺路 11 号
邮编 100164 电子邮件 315@ptpress.com.cn
网址 http://www.ptpress.com.cn
大厂聚鑫印刷有限责任公司印刷
◆开本：700×1000 1/16
印张：12 2015 年 10 月第 1 版
字数：100 千字 2015 年 10 月河北第 1 次印刷

定 价：39.00 元
读者服务热线：(010)81055656 印装质量热线：(010)81055316
反盗版热线：(010)81055315
广告经营许可证：京崇工商广字第 0021 号

# 前　言

微店的出现对传统互联网行业造成了强烈的冲击，并引发了一场规模空前的创业浪潮。在这个浪潮中，有些人率先发力，享受到了商业变革带来的红利。堪称奇迹的创业经历、良好的运营状况、不断刷新的营收数据，使他们成了后来者争相模仿和仰望的对象，并进一步带动了微店创业的势头。可以说，微店成就了他们，他们也推动了微店的飞速发展。

微店开店门槛低、零费用、流程方便等特点使得其迅速赢得了白领、全职妈妈、在校大学生等群体的青睐。越来越多的人投身到微店创业大军中来，微店迎来了发展的鼎盛期。

然而，伴随繁荣而来的，必然是越来越激烈的竞争。如今开微店已经和两三年前大不相同了。毫不夸张地说，微店已经是一片红海，并和其他领域一样，迅速走向两极分化：少数店铺门生意红火，日进斗金；而此外的绝大多数店铺冷冷清清，求利无门。

那么，成功者靠什么？失败者差什么？其中很关键的一点就是微店的运营水平高低。“运营”一词涵盖的范围非常广——微店定位、微店功能设置、微店引流、微店推广、微店文案撰写、微店促销，等等。也正因为如此，运营对微店的发展影响非常大。

那么，在运营过程中，微店如何定位才算找准了方向？

微店功能怎么设置才能打破千篇一律、大同小异、毫无特色的窠臼？

微店如何做引流才能吸引大量的、精准的潜在客户？

微店如何做推广才能有的放矢、事半功倍？

微店文案如何撰写才能直指人心、引发顾客共鸣，进而促进成交、提高销量？

……

思考、总结并给出以上问题的答案正是作者创作本书的目的。整体来讲，这是一本通俗易懂的微店运营指导手册，以图文并茂的形式向店主详细介绍了微店运营中的所有关键节点，手把手教店主做好微店的运营工作。

当然，鉴于市场环境的复杂性以及个体经营的差异性，不同微店的运营都有其特殊性。但相信在本书的帮助下，微店运营工作定能由烦琐走向简单，由杂乱走向有序。

在此要特别说明的是，本书是团队合作的成果，薛梅、王峻华、张明明、潘玉芳、王春梅、张佳通、林正琪、李金艳、陈彩月、张春梅、于建梅、刘星等人参与了收集资料、制图、编写等工作，全书由沈超统撰定稿。

# 目 录

## 第1章 定位：小而美，细分小众垂直路

# 第2章 微店注册、登录及基本设置

## 第3章 引流：线上线下全方位用户导入

## 第4章 无推广，不营销

## 第 5 章 人人点赞：引人入胜的绝妙文案

## 第6章 促销，打造爆款的秘密

# 第1章

# 定位：小而美，细分小众垂直路

商场如战场。很多店主都认为胜负取决于市场，其实应该说，胜负往往取决于顾客。要想赢得顾客的心，小到店铺名称，大到店铺品牌，都需要进行精准的定位。精准的定位有利于提升品牌在潜在顾客心目中的地位，这才是赢得顾客的关键。所以，微店店主必须先进行精准定位，这样才能获得顾客的喜爱，使店铺顺利发展。

## 1.1　微店平台定位

市面上有很多用于开微店的手机应用程序（如微店、微信小店、微店网等），它们的基本功能都相差无几，但又都有一些自己的独特之处。微店店主必须对微店应用程序有一个全面的了解，客观、细致地分析它们并权衡利弊，然后根据自己的实际情况找出最适合自己的一款应用程序。

### 微店：潮人们的购物天堂

微店（见图1-1）由北京口袋时尚科技公司开发，是一款旨在帮助创业者通过手机开店的微店APP。微店具有开店门槛低、零库存、回款快等优势。不管你是白领还是学生，都可以通过手机号码注册微店，从而拥有自己的店铺。在营销推广方面，店主可以一键将店铺或单个商品分享到各大社交平台，比如微博、朋友圈、QQ空间等，以此来宣传自己的店铺，让更多的人知道自己的店铺。

图 1-1　微店

如果你同时还是一位淘宝店主，那么微店对你来说就是一个不错的选择，因为微店的特色之一就是能一键将淘宝店搬到自己的微店中，甚至还可以一键将自己的淘宝店搬到其他人的微店中，这样你便能拥有很多加盟店。由于微店不收取任何费用，而且发展势头良好、功能齐全，所以深受广大微店创业者的喜爱。

## 微信小店：最具潜力的官方微店平台

2014 年 5 月 29 日，微信公众平台正式推出微信小店（见图 1-2），真正实现了“微信，不仅仅是聊天工具”的宣传口号。不过，对广大微店店主来说，想要开通微信小店，必须要满足两个前提条件：一是必须拥有服务号，二是必须开通微信支付接口。

图 1-2 微信小店

服务号和微信支付都需要经过企业认证，而且在认证时需要提供相关材料。如果是企业，必须要有营业执照复印件和公章等；如果是组织机构，必须要有组织机构代码证复印件和法人信息表等。在账号资质审核通过后，服务号将获得高级功能接口中所有接口权限、多客服接口，以及申请商户等功能，这些高级权限将会生效一年。在账号资质审核成功后一年内，用户必须要完成年审认证，并支付审核服务费，才能继续使用已开通的高级功能接口。

一方面，微信小店的门槛并不低，并非人人都能入驻；另一方面，因为以微信为依托，微店小店具有用户导入量大、粉丝获取快捷以及营销推广方便等优势，因此被称为“最具潜力的官方微店平台”。

拥有微信认证的服务号并自助申请微信小店之后，就可以很容易地获得添加商品、商品管理、货架管理、顾客关系维护、维权等功能。可以说，微信公众平台真正实现了技术“零门槛”的电商接入模式。如果商家具备开发能力，还可以在API接口的基础上开发更多的功能。

## 微店网：做全天下人的生意

微店网由深圳市云商微店网络科技有限公司运营（见图1-3），是全球第一个云推广电子商务平台。它的上线标志着个人网商的真正崛起。可以说，微店网是当今最先进的电子商务模式之一。

图1-3　微店网

实际上，微店网的核心模式是云销售，其用户群体主要包括供应商和微店主。也就是说，供应商把商品发布到云端，无数微店店主进行推广销售。因此，微店网深受广大微店创业者的喜爱。在这里，你只需五秒就可以拥有整个云端商品库的商品销售权。

消费者在微店网下单并付款后，店主只需坐收推广佣金就可以了，发货和售后由供应商全权负责。在推广佣金的比例分配方面，微店商家占70%，分销商占30%。不难看出，在微店网上开店，真正实现了零成本和零库存。店主无需投入太多资金，也不必为寻找货源而烦恼，更不用操心物流和售后等问题。另外，微店网提供了网页版和手机版两种版本，大大方便了店主与顾客的交易。

“做全天下的生意”的梦想能通过微店网得以实现。微店网成为了大学生、白领和上班族等群体首选的创业或兼职平台。

## 中兴微品会：专注品牌特卖

中兴微品会由中兴通讯股份有限公司开发（见图 1-4），其定位是个性化、小而美的创意电商平台。其售卖的商品类型虽不多，但都是与高品质生活相关的创意商品，主要包括手机数码、智能家电、家居生活、进口食品、有机食品、旅游时尚以及创意商品等。

图 1-4　中兴微品会

与其他微店平台不同的是，中兴微品会主要专注于品牌特卖。虽然它有些小众化，但它能将品牌企业、线上店家以及消费者有效地结合起来。注册完中兴微品会后，便可零成本开店，轻松成为店主。在中兴微品会上，你可以出售中兴通讯的任何一款商品，也可以添加自己喜欢的商品。至于发货、售后服务等问题，中兴微品会将帮你解决。另外，店主还可以获得一定比例的返利，一件商品的返利大概是 5%~10%。

由于中兴微品会轻便、简洁，非常便于使用，并且能够很快积累用户群，因此也受到了很大一部分微店店主的喜爱。

## 有赞微商城：微商城和微粉丝

有赞微商城（见图 1-5）由杭州起码科技有限公司开发，是一个免费的微商城，零费用、更好玩、大流量，并拥有完整的微电商解决方案。不过，只有正规商家才能注册有赞微商城，且微信公众号必须是服务号。虽然有赞微商城有一定的门槛，但用户成功申请微信支付等平台的接口后，有赞微商城就会根据商家的需要为其量身定做解决方案，并开发相应的功能。

如今，有赞微商城已经上线了有赞服务商、有赞分销、有赞联盟三个平台。其中，有赞服务商主要为用户提供账号代办、店铺搭建、店铺运营应用开发等第三方服务；有赞分销主要是支持供应商在平台上寻找分销商，同时，店主们也能通过这个平台解决货源问题；有赞联盟主要是一个按成交量计费的流量获取平台，可以帮助店主获取流量和订单。

图 1-5　有赞微商城

开通有赞微商城后，店主可以零成本搭建一个完整、强大的微商城，其营销应用十分丰富有趣，且数据分析比较精准，还有定期专场活动，以及百万流量免费使用等优惠。对一些企业来说，有赞微商城是一个非常不错的选择，因为它对微店平台的理解是最透彻的。

## 喵喵微店：专为女性店主服务

喵喵微店由上海宽窄巷贸易有限公司开发，是一款专为女性打造的手机微店 APP，主要通过微信、QQ、微博等社交平台对店铺进行营销和顾客管理。喵喵微店是一款以卖萌为乐，以“为美女招财”为己任，帮助女性店主赚钱的微店 APP，其主要目标人群为女性消费者。喵喵微店的标志也非常符合这一定位（见图 1-6）。

图 1-6　喵喵微店

喵喵微店注册快捷，拥有“秒杀”功能以及永久保存顾客资料、银行保障资金安全等特点和优势。喵喵微店支持易付宝快捷支付，货款一般会在 1~2 日内到账。对店主来说，资金安全有保障；而对消费者来说，支付订单费用更方便、快捷，也更放心。拥有一家喵喵微店，你便拥有了发布商品、一键分享、设置秒杀、店铺统计、货源交流等功能。而且按照相关规定，单日交易额 5 000 元以下是免收手续费的。

## 1.2 微店风格定位

对店主来说，店铺风格定位很重要，因为店铺风格会直接影响目标顾客对店铺以及商品的看法。可以说，微店风格定位准确与否将在很大程度上影响顾客的购买决定。

### 店铺设计风格

销售不同商品的店铺，其设计风格自然也是不同的。要想确定店铺的设计风格，就首先要对店铺设计风格进行定位。对店主而言，让顾客在进入店铺时就被吸引住才是店铺设计的关键和目的。所以，店铺设计风格定位应该从顾客入手，对症下药。

如果你售卖的商品是时尚饰品，那么，你的店铺设计风格必然要有时尚感和视觉冲击力。只有这样，顾客进入店铺时，才会被店铺设计风格所吸引，继而浏览店铺的相关商品并下单。

### 商品风格

很多消费者都会特别钟爱某一类商品，但他们对商品的选择和钟爱并非是建立在商品功效上的，而是建立在精神方面的需求上的，渴望通过商品的风格来展现自己的独特性。

在市场上，商品风格是店铺向消费者提供的实体或服务的形象，主要表现为商品名称、外观、包装等，可以更好地让顾客对不同的商品进行有效区分。商品风格不但会影响顾客对商品品质的判断，甚至会直接影响顾客对商品价格的判断，从而影响消费者的选择。所以，要想让商品受到顾客的喜爱，店主还要对商品风格进行定位。

进行商品风格定位时，店主首先要对该商品的品牌文化有一个深入的了解，并从中提取品牌文化的精髓，然后再根据目标消费人群的喜好来确定商品的风格。需要引起店主注意的是，消费者的需求是不同的，一件商品不可能满足所有消费者的需求。对店主来说，只要商品能满足目标消费者的需求就可以了。

## 1.3 微店品牌定位

在竞争日趋激烈的微店行业，要想在市场中写下浓墨重彩的一笔，就要做好微店的品牌定位，并明确微店品牌在消费者心中所塑造的形象，比如商品价格定位是什么、服务定位是什么等；再结合商品、经销商等因素进行考量，形成一个清晰、明确的品牌形象。这样才能让自己的品牌进入消费者心中，使自己的品牌在市场上立于不败之地。

### 商品质量

要想让自己的店铺可持续发展，品牌定位是关键。其中，商品质量定位尤为重要（见图 1-7）。如果你的商品质量不错，即使商品价格较高，也会有顾客购买。反之，即使商品价格再低，顾客也不会购买，即便有少数顾客购买，也会因一次不好的购物体验而转向其他店铺，甚至会四处宣传你店铺不好，使店铺遭受金钱和名誉的双重损失。所以，进行品牌定位时，店主首先要定位的是商品质量。

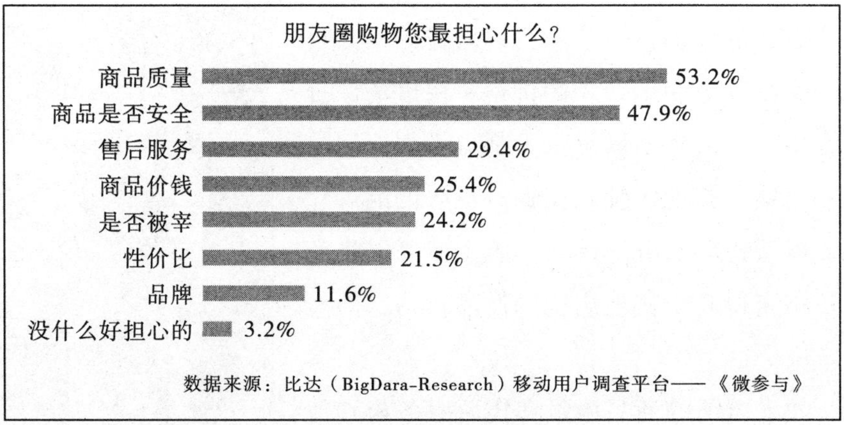


图 1-7 商品质量定位的重要性

如果店主无法保证自己的商品是同行业中最好的，那么就要清楚地告诉消费者，自己的商品质量到底是什么样的。进行商品质量定位之前，店主还需要了解自己究竟想要售卖什么质量的商品，以及这种质量的商品有没有市场需求、会不会有顾客购买。

无论什么样的商品，都有优、良、差三种质量等级之分。店主想要售卖优质的商品，还是普通的商品，可以根据自己的个人喜好去选择。当然，不同质量的商品，其最终获得的收益也会有所不同。

## 商品价格定位

在市场中，即便是相同的商品，其价格也是不一样的（见图 1-8）。店主进行品牌定位时，除了要进行商品质量定位，还要进行商品价格定位。其实，所谓价格定位就是指店主将商品和服务的价格定在一个合适的水平，而这个水平是与其他店铺相比较而言的。

进行商品价格定位时，店主必须先进行市场调查，了解其他店铺是如何定价的，再结合自己的商品、服务和目标人群等，为自己的商品制定一个合理的价格。在市场调查过程中，如果商品质量水平都差不多，但自己的店铺与其他店铺相比拥有更好的品牌、质量以及售后服务等优势，店主就可以将商品价格定得高于其他店铺的商品价格，即高价定位。

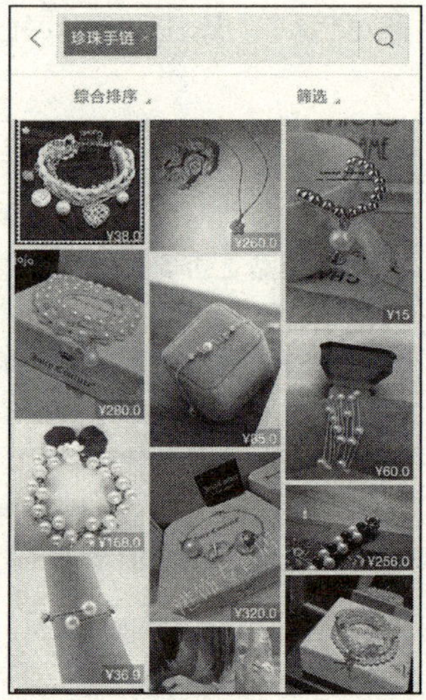


图 1-8　商品价格

如果店铺的商品质量和售后服务与其他店铺相差无几，甚至其他店铺更好，而你却拥有绝对的低成本、较好的店铺形象、商品销售量大等特点，就可以将商品价格定得低于其他店铺的商品价格，即低价定位。除此之外，店主还可以将商品价格定为同类商品价格的平均价格。

当然，商品的价格定位并非是一成不变的，由于营销环境和商品的生命周期在变，店铺也会经历不同的发展阶段，其商品价格定位都是可以灵活变化的。

## 店铺服务

在品牌定位中，店铺服务定位也是非常重要的。在商品质量和价格都相同的情况下，为顾客提供有别于其他店铺的服务，不但能建立店铺服务的差异性并宣传自己的品牌特性，还可以强化顾客的认同感和忠诚度，从而使店铺获得更大的收益和更广阔的市场。

与实体店相比，微店的服务是无形的，因而服务定位比商品定位更有挑战性。在没有一个准确的衡量标准的前提下，顾客购买商品之前是无法判断店铺服务的真正效用的。顾客只有在购买商品后，感受过店铺为其提供的各项优质服务，才能对店铺产生良好印象。

可以说，商品是顾客的基本需求，而服务却是店铺为顾客提供的商品附加价值。如果店铺不但满足了顾客的基本需求，还为其带来了优质的服务，让顾客拥有愉快的购物体验，那么其一定会成为店铺的忠实消费者。

进行店铺服务定位时，店主可以根据同类店铺提供的相关服务，结合自身店铺的实际情况，明确自己能为目标顾客提供哪些服务，比如七天无理由退换货、担保交易等。

除此之外，店主还需要根据商品和目标人群，为店铺服务进行定位。高端价位的商品，其目标人群也必然属于高端消费人群。如果店主没有将店铺服务定好位，为其提供的是低端消费服务，目标人群肯定不会满意。

## 供应商的发展潜力

在品牌定位中，供应商的发展潜力也是需要店主考虑的。因为供应商的发展潜力不同，所以他们能给店主提供的商品和服务也是不一样的。一般来说，供应商的发展潜力越大，品牌越容易树立，而且店铺会发展得越好、越长久。

进行供应商的发展潜力定位时，如果供应商的发展潜力较弱，那么，其提供的商品不仅在同类商品市场中不具备价格优势，而且商品质量也很难有保障。这些会导致品牌不容易建立、知名度不高且店铺销售量低。

如果供应商发展潜力较大，那么其商品质量是有一定保障的、市场扩展能力较强、品牌容易建立且知名度较高。若与这样的供应商进行合作，店主不仅放心，还极有可能会获得较低的进货价格。总之，售卖优秀供应商的商品，店主无需担心商品的销量低。

## 1.4 目标消费人群定位

实体店和微店都需要将商品销售给顾客。对顾客来说，商品是用来满足自己需求的，没有需求自然不会购买。所以，店主进行商品营销推广之前，必须搞清楚自己的商品适合哪类消费群体，比如顾客是男性还是女性，是年轻人还是中老年人等。只有明确了目标消费群体，才能顺利将商品卖出去。

### 目标消费人群的性别限制

不管你经营什么种类的商品，要想将商品的营销推广工作做到位，在推广之前就要先对目标消费人群进行定位，尤其是性别定位。性别定位完成以后，才能根据目标消费人群的性别特征，制定出与之相符的营销策略。

比如，如果店主售卖的是高跟凉鞋，那么，目标人群的性别定位就是女性；如果店主售卖的是刮胡刀、领带等，那么，目标人群的性别定位就是男性。当然，在微店中，也有一些商品的目标人群范围非常广泛，是没有性别限制的，比如牙膏、洗衣粉等。

同时，商品的目标人群性别不同，其消费心理也是不同的。女性消费者早已成为了市场上最活跃的群体之一，不仅数量大，而且在消费过程中起着非常重要的作用。她们扮演着妻子、女儿等多种角色，不仅要购买自己所需的消费品，同时还要承担家庭其他成员消费品的购买工作。

可以说，在家庭消费方面，女性拥有绝对的“当家作主”的权力，所以，准确了解女性消费者的心理特点有利于提高店铺的销售量。一般来说，女性顾客购买商品时，其购买目标比较模糊，喜欢追求新鲜体验、展示自我，而且拥有模仿、从众的心理，属于感性消费。

而男性顾客购买商品时，其目的比较明确，决策果断、迅速，比较重视商品的实用性，不太关注细节，喜欢追求方便、快捷，属于理性消费。但需要注意的是，男性消费者还有好奇、好胜的心理。

## 目标消费人群的年龄范围

为了提高店铺的销售量，店主必须对目标消费人群进行精准定位，其中包括明确目标消费人群的年龄。因为不同年龄段的顾客，其消费心理与需求是不同的。

一般来说，16~25 岁的顾客接受新事物的能力较强，喜欢追求时尚，尤其对时髦新品感兴趣，因此可以给他们推荐时尚的商品；而 25~30 岁的顾客的特点是消费冲动依然存在，并且比较在意他人的看法，因此可以向其推荐品牌和质量不错的商品。

30~45 岁的顾客是店铺品牌的忠实守护者，并且比较关注那些改善家庭条件的商品，只要商品价格公道且是他们所需要的，那么通常是会下单的；45 岁以上的顾客喜欢购买用惯了的商品，会更多地关注保健品或营养品。

以上是不同年龄段目标消费人群的消费心理与需求，这些都是店主必须掌握的。然而，这仅适用于经营多元化商品的店主。如果店主经营种类单一的商品，那么就必须根据该商品的特性，明确其使用人群的年龄。例如，果味牛奶的目标人群是年龄为 5~12 岁的少年儿童，而染发剂的消费群体是年龄为 55~75 岁的老年人。

## 目标消费人群的收入水平

面对店内款式不同、价格各异的商品，顾客在挑选过程中不仅会受到年龄、职业、社会地位等因素的影响，也会受商业活动的影响。其中，影响他们购买决定的主要因素是经济收入。因为顾客收入水平的高低将直接影响他们的消费水平，所以，店主需要对目标消费人群的收入水平进行定位。

一般来说，如果消费者是工薪阶层或是中老年人，那么其收入一般较低，他们会更看重商品的质量和实用性，而对商品外包装不会太在意；如果消费者是有一定经济基础的女士，她们会比较追求流行时尚的商品，会更加注重商品的包装；如果消费者是高层管理人员或成功商业人士，其收入较高，通常会追求能表现其身份和地位的商品，他们比较在意商品的品牌、品质以及公众知名度。

不同收入水平的顾客，其购买能力是不同的，他们能接受的商品价格范围是不一样的。因此，店主要根据目标人群的消费水平，对商品价格进行适当的调整，以迎合目标消费人群的需求。

## 目标消费人群的消费习惯

不同消费者的消费习惯是不一样的，顾客的消费行为在很大程度上会受到文化、社会、个人心理等因素的影响。所以，想要经营好微店，店主就要了解不同顾客的消费习惯，并对目标消费人群的消费习惯进行定位。

在定位目标消费人群的消费习惯之前，店主需要了解顾客是谁。要知道，顾客是愿意为你的商品和服务付钱的人，他们的需求直接决定了你的收入，而且其需求的强度会决定购买意愿。

一般来说，年轻消费者比较喜欢具有时代感的商品，购买范围比较广泛，购买力比较强，购买行为具有明显的冲动性。不过，他们也容易受到外在因素的影响。而中老年人比较追求舒适与方便，购买行为比较理智。他们一旦喜欢某种品牌的某类商品，就会重复购买，不轻易购买没有使用过的商品。

不同性别的消费者，其消费习惯也是不同的。对于女性消费者，她们的消费习惯是比较关注价格、商场活动、品牌知名度以及商品口碑等。她们在购买商品时比较冲动，通常情况下喜欢购买性价比较高的商品。而男性消费者购物比较理性，其消费习惯是比较关注商品的功能、用途、质量等。

实际上，每个消费者都有自己的消费习惯，比如，有些顾客习惯穿深色衣服，而有些顾客则习惯穿浅色衣服等。有些习惯一旦养成是很难改变的，所以，定位目标消费群体时，店主必须对消费者的消费习惯进行深入的调查和分析。一般情况下，只要消费者在店铺中购买过一次商品，店主就要了解该消费者的消费习惯。

## 目标消费人群的地域分布

对店主来说，掌握目标消费人群的地域分布也是非常重要的一项工作，因为不同地域有不同的文化。

每个地域都有其显著的特点，比如，新疆哈密盛产哈密瓜，你是一位在哈密当地卖哈密瓜的微商，那么除了哈密，其他地域都有可能是你的潜在顾客的聚集地，但只有当你明白哪个地域的消费者真的有购买哈密瓜的需求时，才能确定到底哪个地方才是你真正的潜在顾客的聚集地。如果你售卖的是羽绒服，那么，目标消费人群所在地域就不可能是海南或福建等南方地区，因为这些地区气候温暖、四季如春。

# 第2章

# 微店注册、登录及基本设置

市场上的微店APP有很多，它们都有自己的特点。在做好前期的开店准备工作后，店主就要注册和登录微店了。了解了微店的基本设置并完成店铺的装修工作后，微店就可以正式运营了。

## 2.1 下载并安装微店 APP

要想拥有属于自己的微店，店主就必须做好准备工作，其中包括选择一款微店 APP。确定选用哪一款微店 APP 后，才可以着手微店的下载和安装工作。

目前，市场上的微店 APP 有很多，比如口袋微信、微信小店等。这些微店 APP 都有各自的特点，店主可以根据自己的喜好或商品类型从中选择一款。店主可以直接选择用户数量大且下载量高的 APP。虽然它们各有不同，但具体的下载安装流程并没有太大的差别。我们就以口袋微店为例，向广大微店创业者详细介绍一下下载安装过程。

首先，打开智能手机的应用下载软件，比如 360 手机助手、安卓市场等。然后，在搜索栏中输入“微店”一词进行搜索（见图 2-1），并根据个人喜好以及用户评价下载一款微店 APP 软件。

微店 APP 下载完成后，会自动进入安装页面，店主需要点触页面左下方的“安装”按钮（见图 2-2）。

图 2-1　搜索“微店”

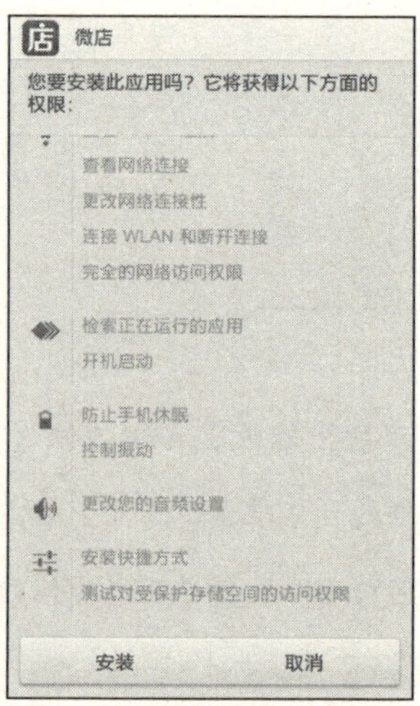


图 2-2　点触“安装”按钮

这时，手机屏幕会提示该款微店 APP 正在安装中（见图 2-3），店主需要耐心等待几秒。微店 APP 安装完成后（见图 2-4），就会出现“应用已安装”的提示，点触“完成”按钮即可退出安装界面。

图 2-3 微店正在安装

图 2-4 微店已安装完成

## 2.2 注册微店

下载并安装好微店 APP 后，就可以注册微店了。不过，注册微店前，需要提前准备好相关信息，比如身份证号码、手机号等。

### 进入微店的注册或登录页面

与其他微店 APP 相比，口袋微店的功能比较完善，不仅拥有最基本的设置，还拥有非常强大的“晒图”“微店直播间”等功能，这些功能都是口袋微店平台为广大微店店主倾力推出的。在此，我们就以口袋微店为例，向大家详细介绍一下微店的注册流程。

在手机界面上，点触已安装好的微店 APP。进入微店的注册或登录页面后（见图 2-5），可以看见一个红色的“注册”按钮、一个白色的“登录”按钮以及微信登录链接。

图 2-5　微店注册 / 登录页面

## 注册微店账号

在微店注册页面，店主需要填写自己的手机号（见图 2-6）。填写完手机号后，点触“下一步”按钮，手机会弹出确认手机号码的提示信息，店主需要确认已填写的手机号码（见图 2-7），如果手机号码准确无误，点触“好”按钮就可以了。

图 2-6　注册页面

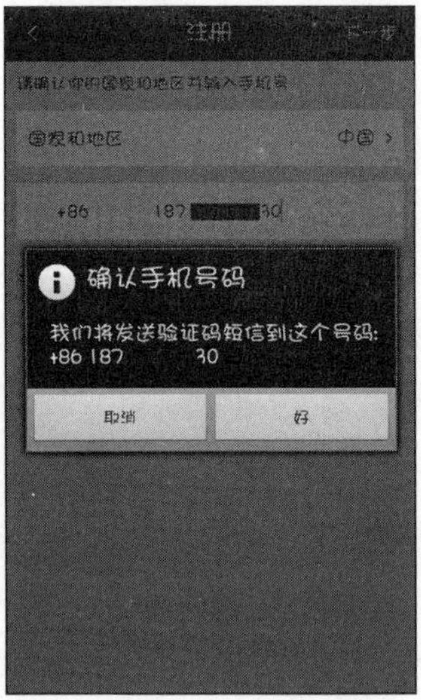


图 2-7　确认手机号码

随后，店主就会收到来自微店平台的短信验证码。在填写验证码的页面中，店主需要输入验证码并点触“下一步”按钮（见图 2-8）。

店主还需要进入“设置密码”页面设置微店密码（见图2-9）。由于密码与微店安全有着非常密切的关系，所以，各位店主在设置微店密码时，密码的长度最好在九个字符以上，并最好用数字和字母的组合。输完第一遍密码后，店主还需要将密码再输入一遍，这是为了避免因输入错误而导致登录失败。第二次输入密码并确认无误后，点触“下一步”按钮即可。

在 “填写个人资料”页面中（见图 2-10），店主需要填写自己的真实姓名和身份证号，其中，身份证号需要输入两次。填写完个人资料后，点触“下一步”按钮。

图 2-8 填写验证码

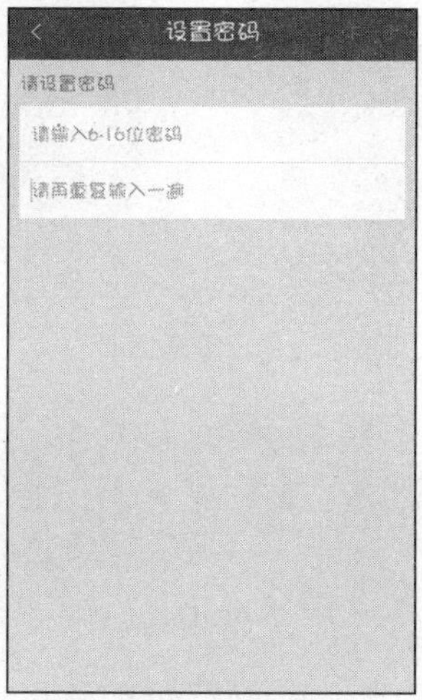


图 2-9 设置密码

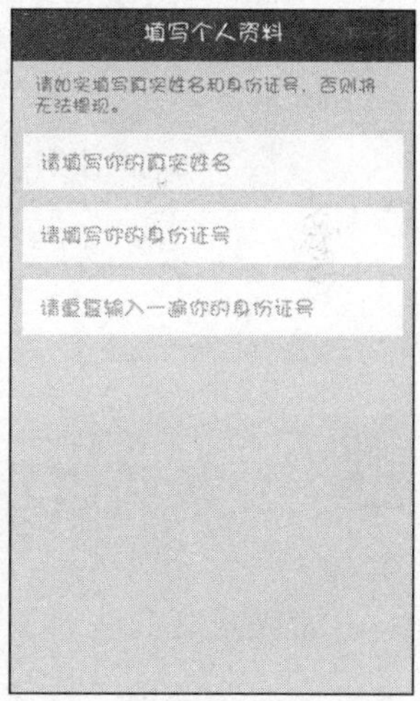


图 2-10 填写个人资料

随后，手机会弹出一条提示信息，由于信息涉及微店的收入提现，因此店主需要认真核实已输入的个人资料。如果发现个人资料有误，可以点触“修改”按钮进行修改；如果没有任何问题，点触“确定”按钮（见

图 2-11），再点触“下一步”按钮即可。

这时，手机进入“创建店铺”页面（见图 2-12）。输入店铺名称并点触“完成”按钮后，微店的注册工作就完成了。由于好的店铺名称能更好地吸引潜在顾客，所以，最好提前想出一个好的店名。

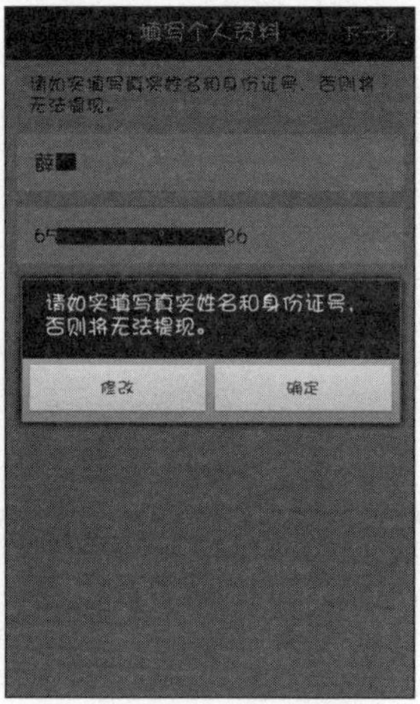


图 2-11　点触“确定”按钮

图 2-12　“创建店铺”页面

## 2.3　登录微店并查看 14 个功能模块

完成微店的注册工作后，店主就可以登录微店并装修自己的店铺了。不过，在装修前，店主需要了解微店拥有哪些功能模块以及这些功能分别有什么用途。只有对微店有深入的了解，店主才能更好地装修自己的店铺。

## 登录微店

打开微店 APP，在注册 / 登录页面中点触白色的“登录”按钮（见图 2-13）。

进入微店登录页面后（见图 2-14），填写手机号码和密码。填写完登录信息后，点触页面右上角的“完成”按钮即可进入微店首页。

图 2-13　点触“登录”按钮

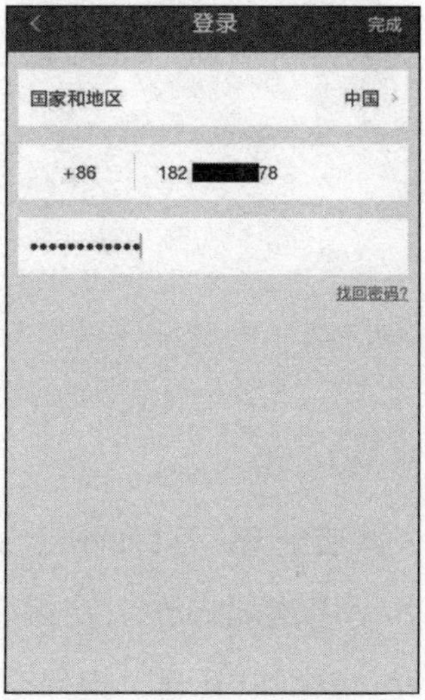


图 2-14　登录页面

当然，店主也可以通过点触“微信登录”按钮进入自己的微店。店主可以根据个人喜好从以上两种登录方式中选择一种。

## 微店的 14 个功能模块

登录微店后，店主就能在微店主页面看到其基本功能（见图 2-15、图 2-16），包括微店管理、商品管理、订单管理、销售管理、客户管理、我的收入、营销工具、微店市场、我要分销、微店买家版、微店消息、消息中心、新手必看以及设置。下面详细介绍一下微店的这 14 个功能模块。

图 2-15　微店的基本功能 1

图 2-16　微店的基本功能 2

1. 微店管理

在“微店管理”页面中（见图 2-17），店主可以进行编辑、复制链接和分享店铺的操作。在编辑店铺时，店主可以随时更改店招和店铺名称等，也可以开通“担保交易”“七天无理由退货保障”等服务，还可以设置运费、开通微信收款等。对于这些功能的设置，后面有详细的介绍。

2. 商品管理

在“商品管理”页面中（见图 2-18），店主可以了解店铺所有商品的基本情况，比如哪些商品已下架。店主也可以按照添加时间、销量和库存来了解出售中的商品的情况。除此之外，店主还可以添加或编辑商品，并一键将商品信息分享到朋友圈中。

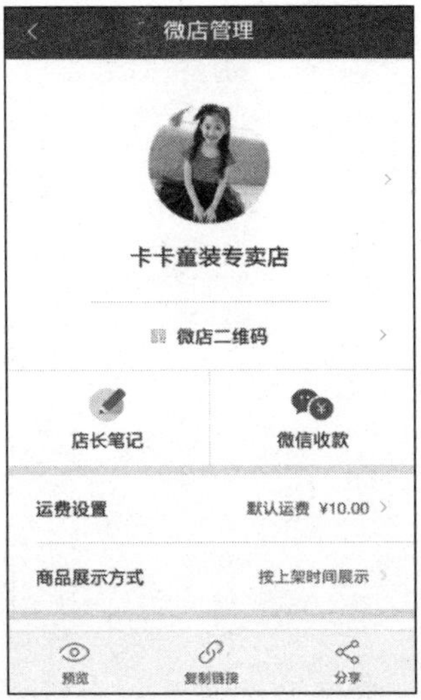


图 2-17 “微店管理”页面

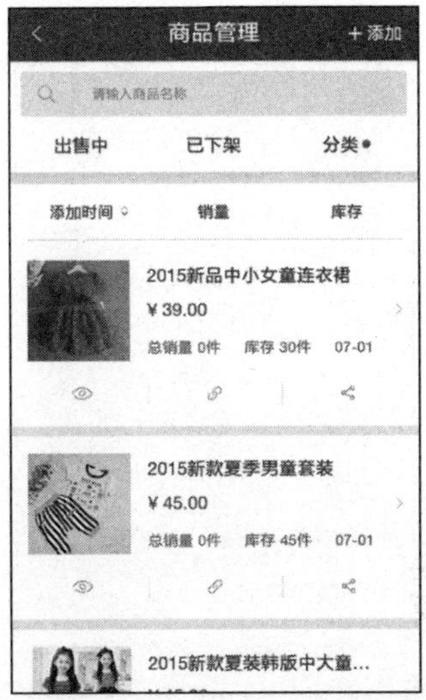


图 2-18 “商品管理”页面

### 3. 订单管理

在“订单管理”页面中（见图 2-19），店主可以看到“进行中订单”“已完成订单”和“已关闭订单”三类主要信息。其中，“进行中订单”显示了待发货订单、待付款订单、已发货订单和退款中订单。在这里，店主不但可以掌握店铺所有订单的实际情况，还能及时管理不同的订单。

### 4. 销售管理

在“销售管理”页面中（见图 2-20），店主可以看到“成交订单”“成交金额”和“每日访客”功能。在这里，店主可以充分了解店铺的销售情况，比如店铺这几天成交了多少订单以及每天有多少顾客浏览店铺等。

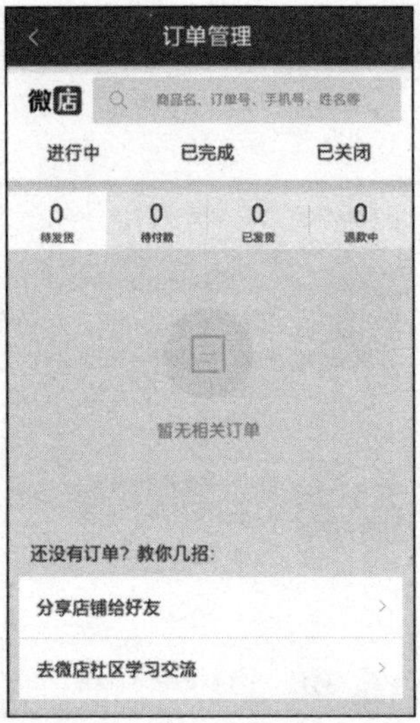


图 2-19 “订单管理”页面

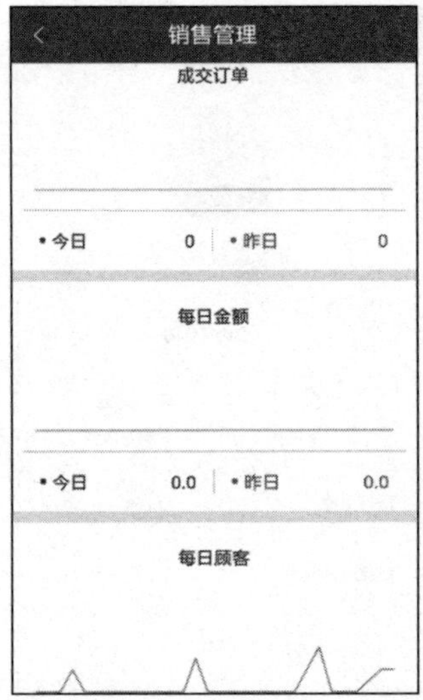


图 2-20 “销售管理”页面

## 5. 客户管理

在“客户管理”页面中（见图 2-21），店主可以看到“聊天消息”“微店商圈”和“客户管理”三项内容。在“聊天消息”选项中，店主可以看到来自顾客的留言并及时与顾客沟通。同时，这些聊天信息默认为保存状态，以便店主收集顾客的反馈。

在“微店商圈”选项中（见图 2-22），店主可以创建商圈或加入商圈。店主在创建了属于自己的商圈后，就可以在“我的商圈”选项中管理商圈。如果店主想要加入商圈，可以在“附近商圈”选项中查找想要加入的商圈。不过，店主在查找时需要输入加入商圈的理由，待该商圈的管理员同意后才能加入。

在“客户管理”选项中（见图 2-23），店主可以充分了解每一位顾客在微店中的购买情况，比如顾客在店铺中总共成交了多少次等。微店有订单后，顾客资料就会在这里显示。

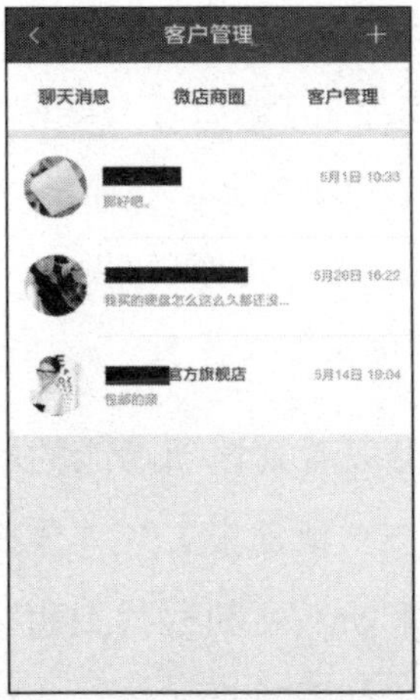

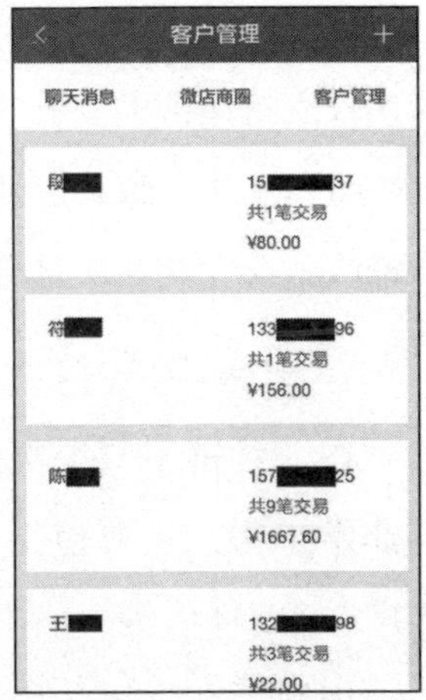


图 2-21　“客户管理”页面　图 2-22　“微店商圈”选项　图 2-23　“客户管理”选项

## 6. 我的收入

在“我的收入”页面中（见图 2-24），店主可以看到“未提现金额”“已提现金额”“我的银行卡”和“收入流水”四项内容。在这里，店主可以充分了解店铺收入的基本情况，比如店铺中有多少金额还未提现等。店主还可以在“收入流水”选项（见图 2-25）中了解店铺收入流水情况。

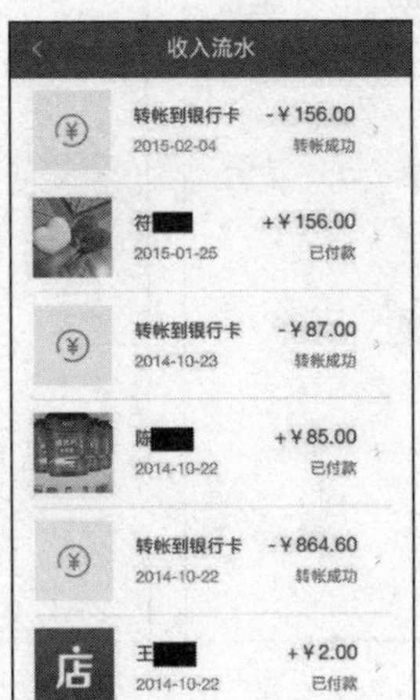


图 2-24　“我的收入”页面　　图 2-25　“收入流水”选项

不过，店主只有绑定银行卡才能提现。绑定银行卡时需要注意，口袋微店仅支持储蓄卡。另外，银行卡的开户人姓名必须与注册微店时填写的姓名、身份证号一致，否则无法完成提现。至于提现到账的时间，一般情况下店铺收入会在交易次日自动提现至该银行卡，一般是1~2个工作日到账。

7. 营销工具

在“营销工具”页面中（见图2-26），店主可以看到该项功能的内容非常丰富，主要包括“限时折扣”“秘密优惠”“活动报名”“分成推广”“友情店铺”“口袋直通车”“入驻市场”和“允许手机号找到我”八项内容。在这里，店主可以设置店铺优惠活动（如限时折扣），并在“活动报名”选项中报名（见图2-27）。

除此之外，店主可以在“分成推广”选项中设置佣金；在“友情店铺”选项中添加、管理、统计以及关注友情店铺；在“入驻市场”选项中（见图2-28）根据店铺的实际情况来选择市场；还可以根据自己的需求开通“口袋直通车”和“允许手机号找到我”功能。

图2-26　“营销工具”页面

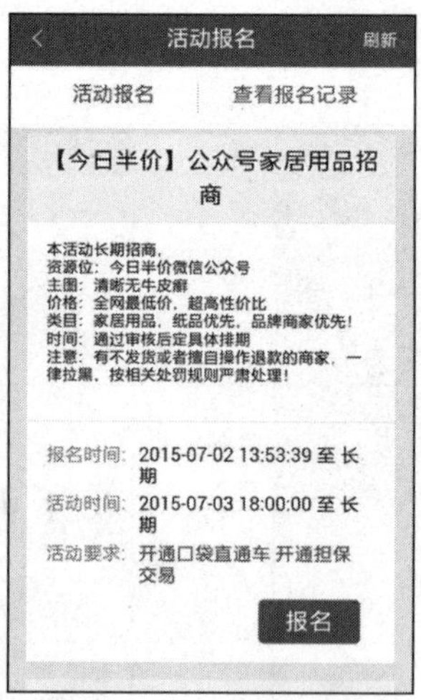


图2-27　“活动报名”选项

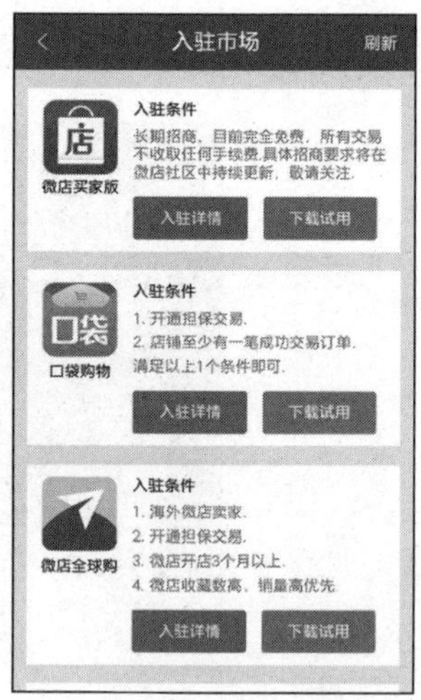


图2-28　“入驻市场”选项

8. 微店市场

在“微店市场”页面中（见图 2-29），店主可以看见“转发分成”“微店社区”“微店公开课”和“附近微店”四个选项。其中，“转发分成”针对系统随机抽取的设置了有奖转发的店铺，店主可以在这里通过分享他人的商品来获取分成。“微店社区”是千万商家成长交流的聚集地，店主在这里可以完善论坛账号，也可以与其他商家交流并学习如何管理微店。

在“微店公开课”选项中，店主可以看到该选项有“课程中心”“微店论坛”和“同城商会”三个模块。其中，在“课程中心”选项中（见图2-30），店主可以学习到很多有关微店的知识，主要包括“新手开店”“日常运营”“微店推广”和“微店视觉”四项内容。

在“附近微店”选项中（见图 2-31），微店平台会通过 GPS 定位，根据店主当前的位置，向店主推荐其身边的微店，让店主了解到其他店主都在卖什么。当然，店主自己的店铺也会显示在其中。

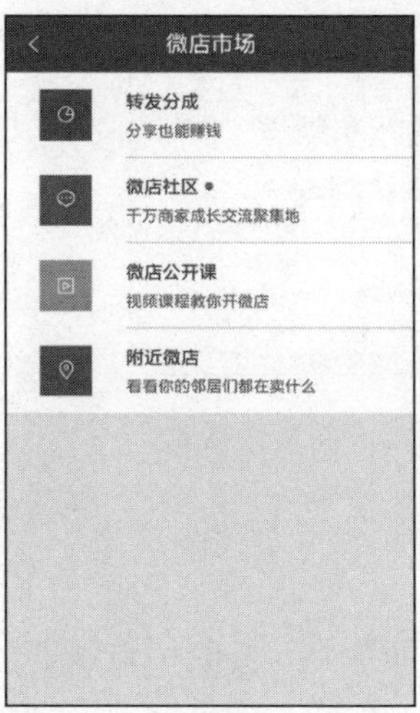


图 2-29 “微店市场”页面

图 2-30 “课程中心”选项

图 2-31 “附近微店”选项

9. 我要分销

在“我要分销”页面中（见图 2-32），店主可以看到“分销市场”“分销管理”和“帮助”三项内容。在“分销市场”选项中，店主可以在“品牌分销”一项中寻找拥有正品保证的货源；而在“精选爆品”一项中，店主可以将自己店铺里的商品授权给他人代理，或代理他人的商品。

在“分销管理”选项中，店主可以管理自己代理的商品，还可以管理和供应商的合作关系。如果店主遇到问题，还可以在“常见问题”一项中找到有关微店分销商问题的答案（见图 2-33）。

图 2-32　“我要分销”页面

图 2-33　微店分销商问题大全

10. 微店买家版

如果店主想增加店铺的曝光率，可以在“微店买家版”页面中点触“立即下载”按钮（见图 2-34）。安装完微店买家版后，店主就能通过参加买家版活动来推广自己的店铺并查看微店动态了。

图 2-34 “微店买家版”页面

图 2-35 微店动态

11. 微店消息

在“微店消息”页面中（见图 2-36），店主可以了解微店平台的招商信息。如果微店满足了微店招商的要求，店主就可以报名参加微店平台举行的活动。通过活动，店主的商品可以展示在微店活动板块上，从而大大增加店铺的曝光率，提高店铺的销量。

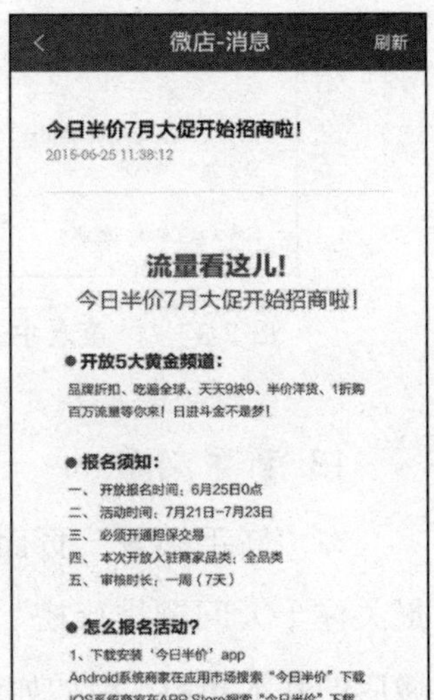


图 2-36 “微店消息”页面

12. 消息中心

在“消息中心”页面中（见图 2-37），店主可以看到“系统公告”和“个人消息”两项内容。在“系统公告”选项中，店主能看到微店官方发布的重要信息，比如新功能的介绍、微店运营技巧等。在“个人消息”选项中，店主能看到自己发布的信息，还可以设置新消息通知（见图 2-38）。

图 2-37 “消息中心”页面

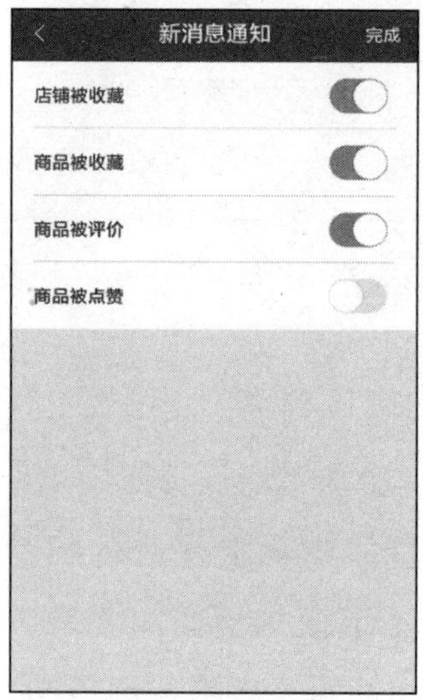


图 2-38 新消息通知

13. 新手必看

在“新手必看”页面中（见图 2-39），有“新手入门篇”和“新手最关注十大问题排行榜”两大板块。在这里，店主可以学习到很多有关微店的基本知识，比如如何开店。如果你刚加入微店，对微店一无所知，“新手必看”板块就是你必看的内容，它是你快速成长的秘籍。

14. 设置

在“设置”页面中（见图2-40），有“账号管理”“淘宝搬家助手”“聊天公告”“新消息通知”等九项功能，店主可以根据自己的需要分别设置。其中，“淘宝搬家助手”选项可以帮助淘宝店主一键将自己淘宝网店里的商品搬到微店中。

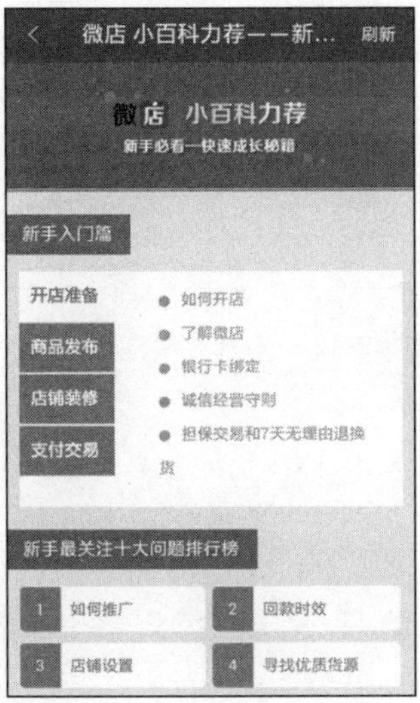


图2-39 “新手必看”页面

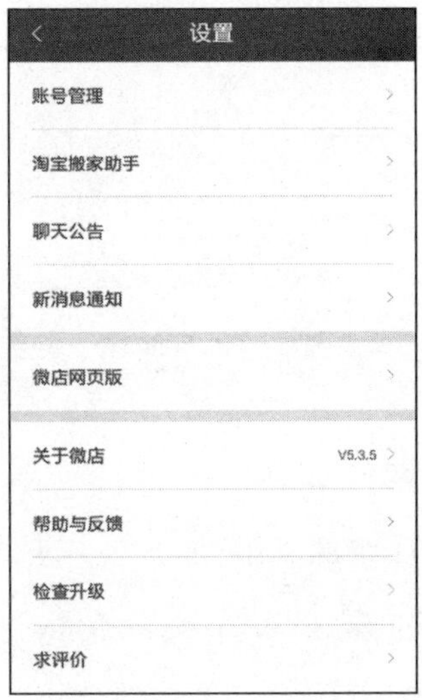


图2-40 “设置”页面

## 2.4 微店基本设置

对微店的基本功能有了一个大致的了解后，就可以对微店进行设置了。微店的基本设置主要集中在“微店信息”页面（见图2-41）和“微店管理”页面（见图2-42）中，店主需要打开这两个页面才能看到这些设置。

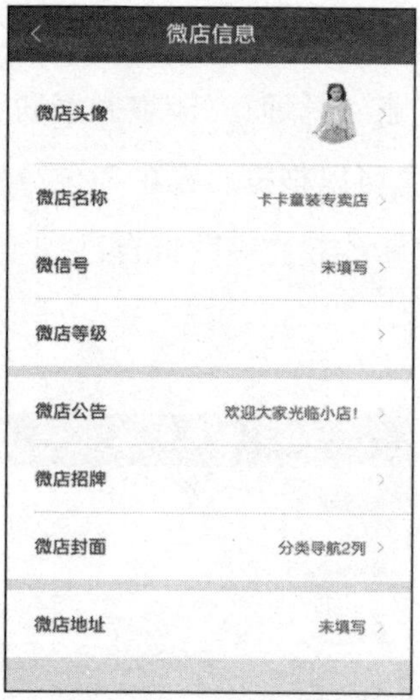


图 2-41　“微店信息”页面

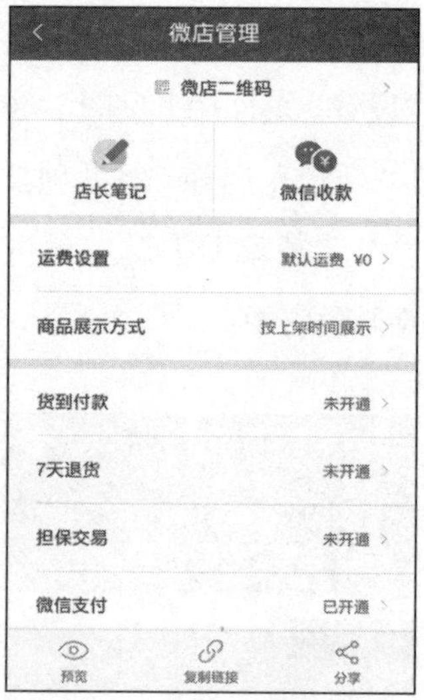


图 2-42　“微店管理”页面

1. 微店头像

设置微店头像时，可以拍照，也可以从手机相册中获取。微店头像也可以与微信头像一样，通过微信与你联系的顾客可以更快地找到你。

2. 微店名称

在“微店名称”页面（见图 2-43），店主需要输入店铺名称。拟定名称时，店主可以根据主营商品给店铺取名字，这样，顾客一看店铺名称就知道店铺主要售卖什么商品。当然，店主也可以用自己的昵称作为微店昵称，因为微店获取的第一批忠实顾客很可能就是亲朋好友，微店名称中含有自己的昵称会更亲切一些。

3. 微信号

在“微信号”页面中输入微信号（见图 2-44），它就会显示在微店中。这样，顾客在需要时就能通过微信号联系到店主，使沟通更加便捷。

图 2-43 “微店名称”页面

图 2-44 “微信号”页面

## 4. 微店等级

“微店等级”页面中显示了店铺的等级（见图2-45）。店主可以点触“查看评分规则”了解微店卖家等级计算方式与积分原则（见图 2-46）。

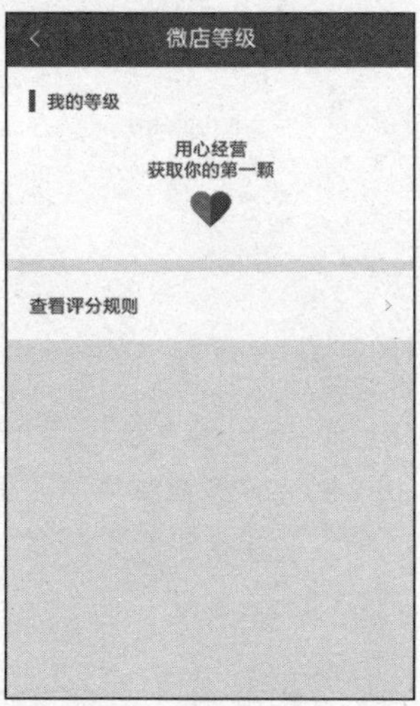


图 2-45 “微店等级”页面

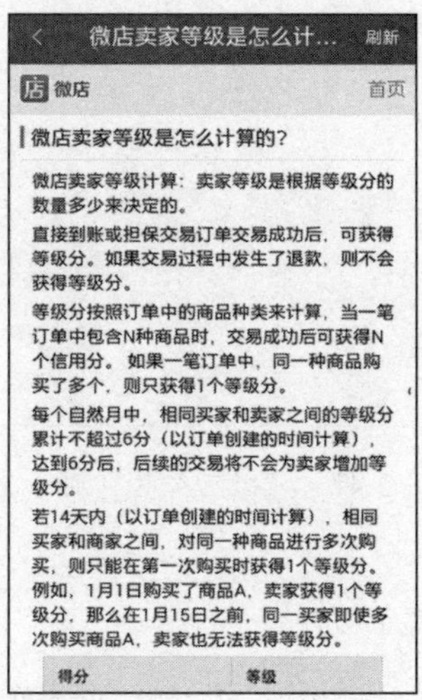


图 2-46 微店评分规则

5. 微店公告

“微店公告”页面（见图 2-47）是顾客了解店铺的重要窗口。微店公告只能包含 50 个字。所以，在这里介绍店铺或对商品和售后服务作出一些承诺时，要尽量言简意赅。这样顾客在进入店铺的一瞬间就会被吸引。

6. 微店招牌

在“微店招牌”页面中（见图2-48），店主可以选择“拍照”，也可以点触“从手机相册选择”按钮，以此获取所需的图片。微店招牌的好坏会影响店铺的营销效果，所以，店主设置微店招牌时一定要慎重选择图片。

图 2-47　“微店公告”页面

图 2-48　“微店招牌”页面

7. 微店封面

对微店来说，微店封面相当于人的脸，其重要性是不言而喻的。

在“微店封面”页面中（见图 2-49），店主可以用导航的形式设置店铺分类展示，把有吸引力的商品类型优先展示给顾客。这样不但增加了商品对顾客的吸引力，也便于顾客根据商品类型快速找到自己所需的商品。

### 8. 微店地址

在“微店地址”页面中（见图 2-50），店主可以输入自己的实体店地址，以便顾客在需要亲眼看到真实商品时来实体店逛逛，从而减少顾客的后顾之忧，提高成交率。

图 2-49 “微店封面”页面

图 2-50 “微店地址”页面

### 9. 微店二维码

在“微店二维码”页面中（见图 2-51），店主可以看到自动生成的微店二维码。店主可以点触页面右上角的“更多”按钮，一键将微店二维码分享至微信、朋友圈、QQ 好友等，也可以将二维码保存到手机中（见图 2-52）。

图 2-51　“微店二维码”页面

图 2-52　分享或保存微店二维码

10. 店长笔记

在“店长笔记”页面中（见图 2-53），店主可以通过点触“添加”按钮写下自己想要传达的内容，而且还可以通过添加图片来使笔记变得更生动（见图 2-54）。店长笔记是一篇图文并茂的文章，它会展示在店铺中并能分享给好友，从而宣传店铺和商品。店主写下的每一篇店长笔记，顾客进入店铺后都能看到。

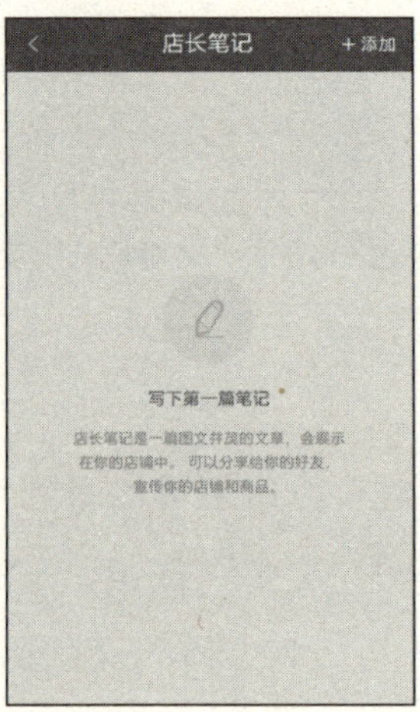


图 2-53　“店长笔记”页面

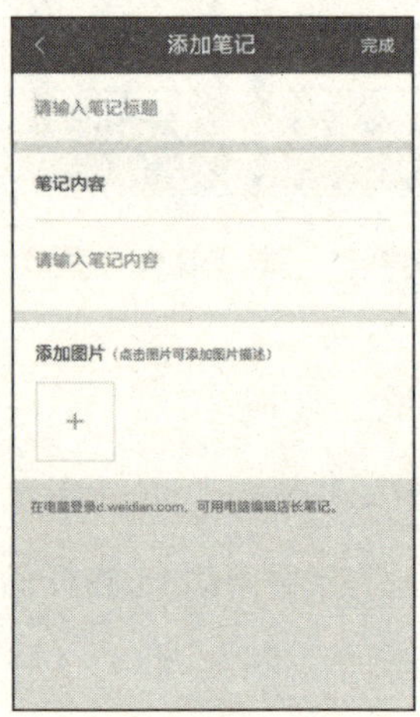


图 2-54　“添加笔记”页面

## 11. 微信收款

在“微信收款”页面中（见图 2-55），输入收款金额并点触“下一步”按钮便可完成收款金额的设置。然后，店主就可以通过微信或短信的方式来收款（见图 2-56）。

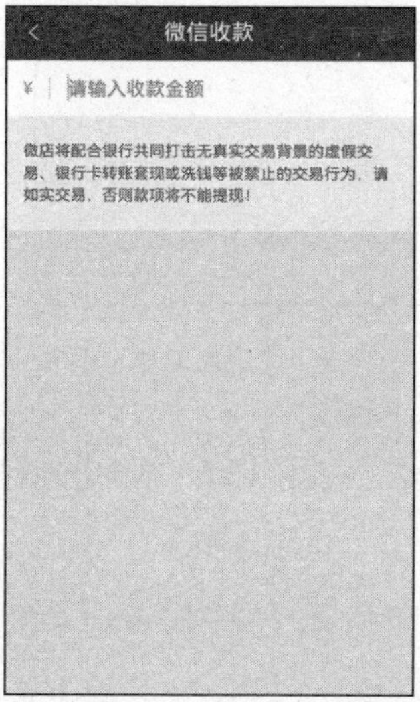


图 2-55 “微店收款”页面

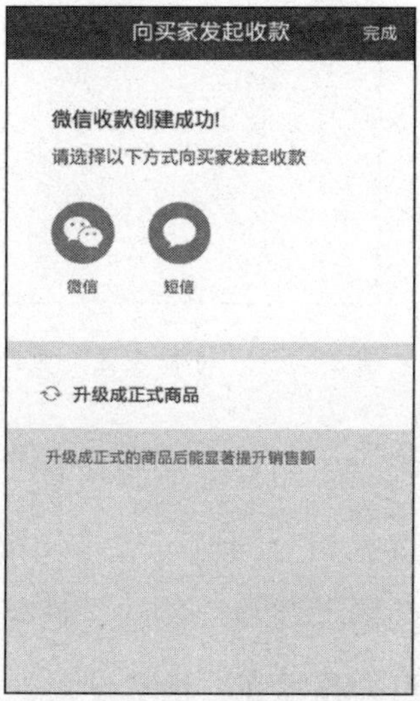


图 2-56 向买家发起收款

## 12. 运费设置

在“运费设置”页面中（见图 2-57），店主可以看到微店平台默认的运费。如需设置运费，店主可以点触红色的“修改运费”按钮。在“修改运费”页面中（见图 2-58），店主可以根据商品件数自由设置邮费，也可以设置指定地区的运费。

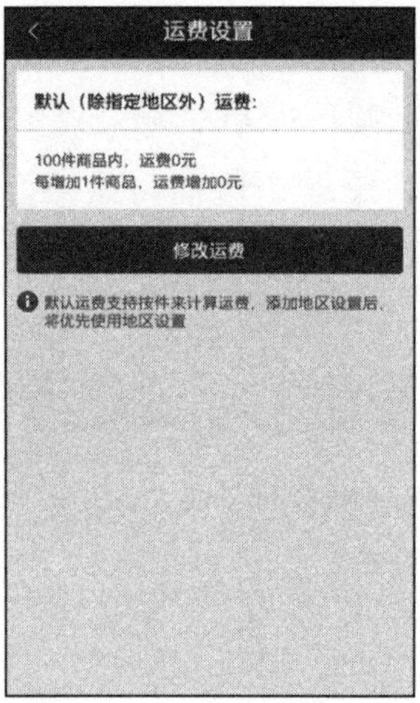


图 2-57　“运费设置”页面

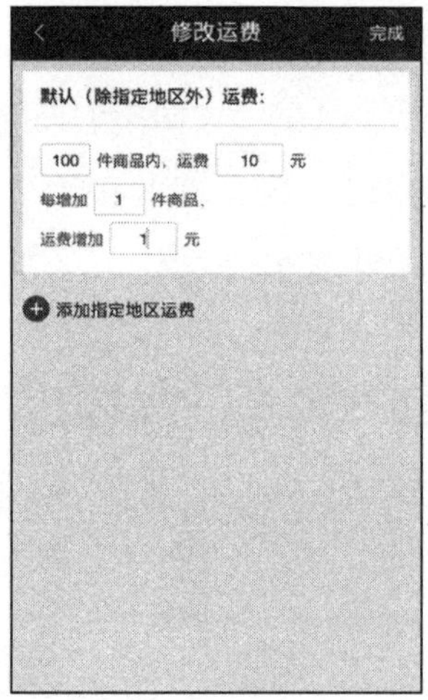


图 2-58　“修改运费”页面

点触“添加指定地区运费”按钮，店主就可以在“指定地区运费”界面中选择相应的地区来修改相关费用了（见图 2-59）。然后，点触页面右上角的“完成”按钮，便可完成运费设置（见图 2-60）。已设置的运费信息会显示在“运费设置”页面中。

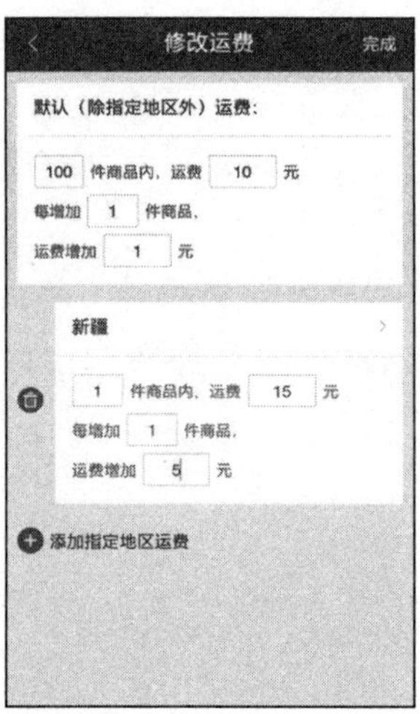


图 2-59　修改指定地区运费

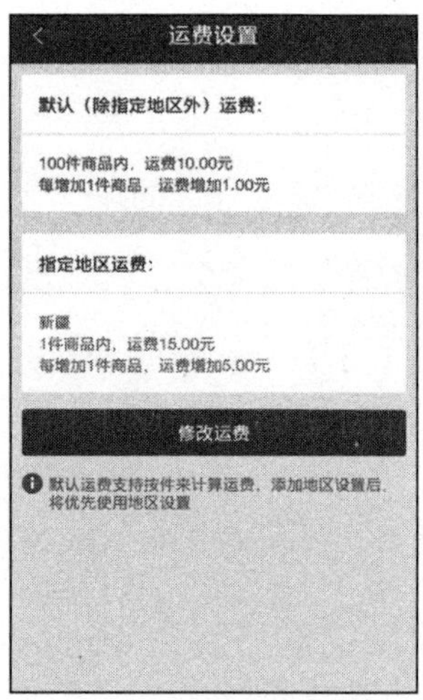


图 2-60　完成运费设置

13. 商品展示方式

在“商品展示方式”页面中（见图 2-61），店主可以看到两种商品展示方式，分别是“按商品上架时间展示”和“按商品分类展示”。店主可以根据自己的喜好或店铺的实际情况，从中选择一种合适的商品展示方式。

14. 货到付款

为了减少顾客的顾虑，店主可以开通货到付款服务。在“货到付款”页面中（见图 2-62），店主把页面右边的“货到付款”按钮状态设置为绿色就可以了。店主开通货到付款服务以后，还需要设置货到付款服务费（见图 2-63），因为快递公司要收取一定比例的代收费。代收费是按照货款和运费的总额收取的，比例一般为 10% 左右。店主可以决定这个费用是由店主承担还是由顾客承担。

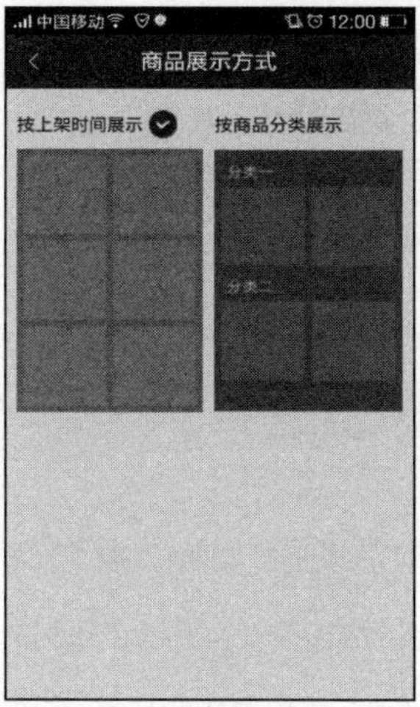


图 2-61 “商品展示方式”页面

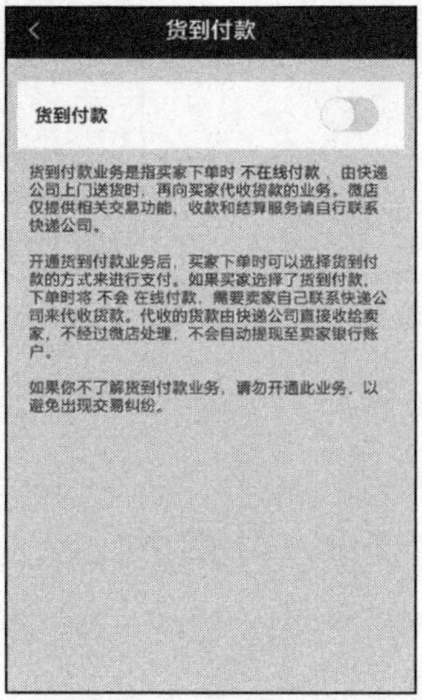


图 2-62 “货到付款”页面

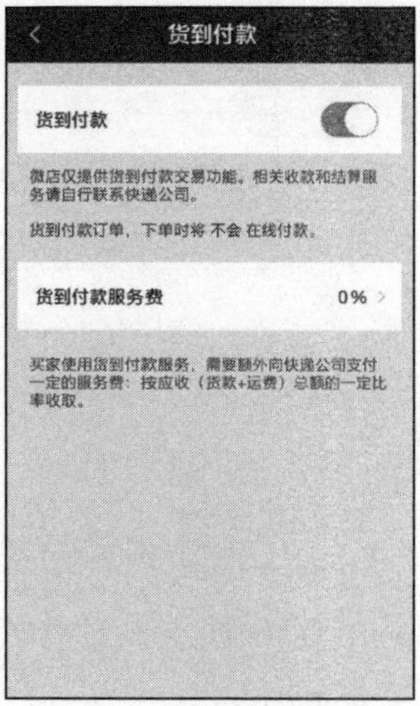


图 2-63 设置货到付款服务费

## 15. 七天无理由退货

在“七天退货”页面中点触红色的“加入七天退货保障”按钮（见图 2-64），即可成功开通七天无理由退换货服务。不过，开通七天退货服务前，店主最好通过点触“查看七天退货细则”来了解七天退货服务细则（见图 2-65）。当然，店主随时都可以关闭七天无理由退货服务。需要指出的是，在退出该服务的七天内是无法重新加入“七天退货保障”的。

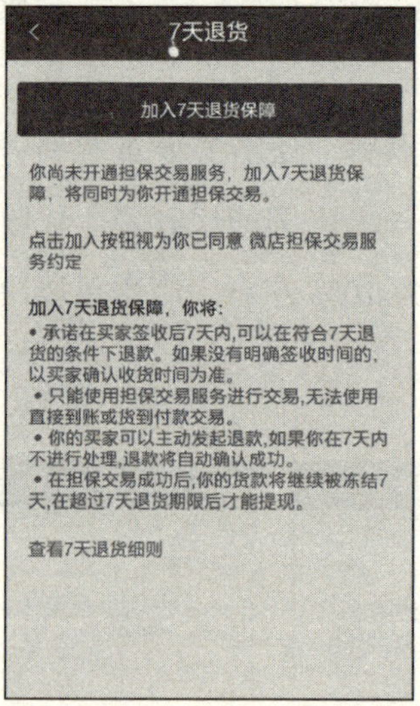


图 2-64 七天退货

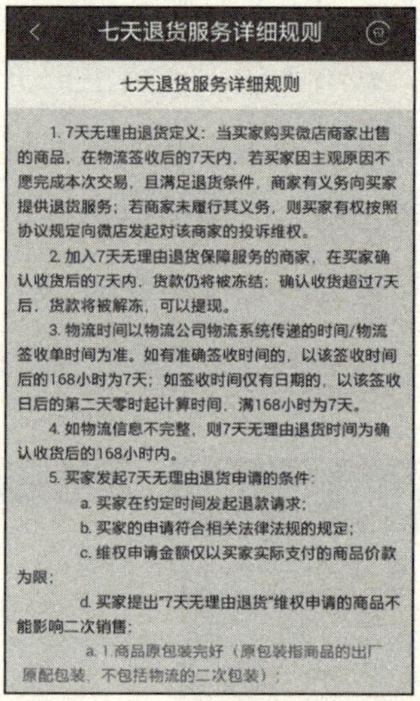


图 2-65 七天退货服务详细规则

## 16. 担保交易

为了消除顾客的各种疑虑，店主还可以开通担保交易。在“担保交易”页面中点触红色的“开通担保交易”按钮便可完成担保交易的设置（见图 2-66）。不过，店主在开通担保交易前需要阅读《微店担保交易服务约定》，了解担保交易的相关事项，从而更好地管理店铺。需要注意的是，担保交易一旦开通，就无法自行取消。如需关闭该功能，店主需要联系微店客服。因此，店主在开通担保交易之前要经过慎重考虑再作出决定。

17. 微信支付

店主可以在“微信支付”页面中（见图 2-67）开通微信支付功能。一般来说，只要开通担保交易，微店平台就会默认开通微信支付功能，但这种支付渠道只支持通过微信进入店铺下单时使用。也就是说，店主只有通过微信向顾客发送微店商品链接，顾客才可以在微信中查看该商品，从而通过微信支付功能付款购买。

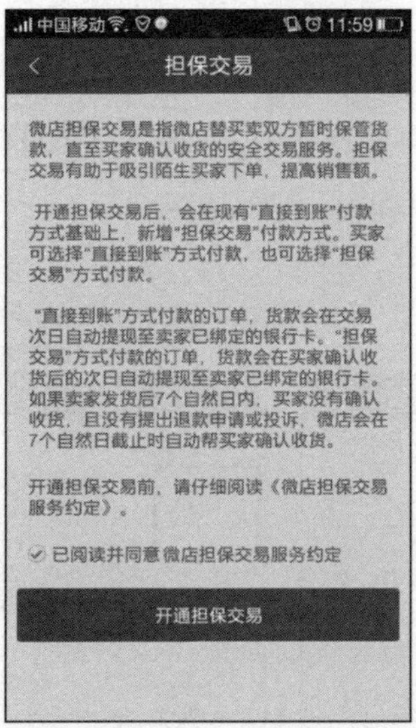


图 2-66　开通担保交易

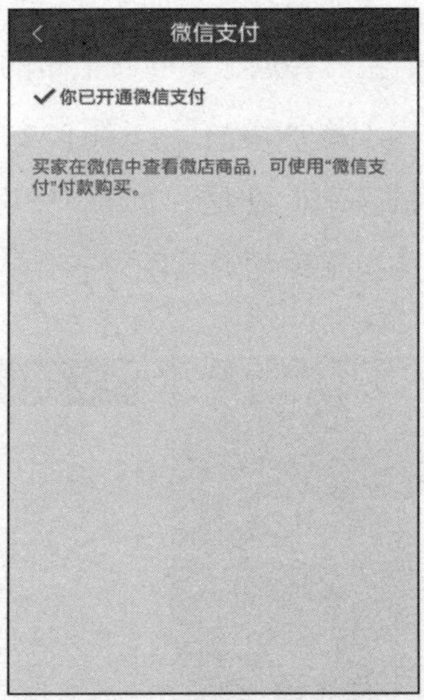


图 2-67　“微信支付”页面

## 2.5　如何添加商品

与网店一样，在微店这个虚拟的环境中，顾客看不到真实的商品，只能看到一张张精美的商品图片。店主要想让顾客看到精心制作的商品图片，就必须学会添加商品图片的基本操作。

## 商品图片

在微店中，顾客接触不到实物，只能凭借店主展示的商品图片来决定是否购买。那么，店主该如何添加商品图片呢？

在手机中打开微店 APP，进入微店主页面后点触“商品管理”按钮（见图 2-68）。

在“商品管理”页面中（见图 2-69），店铺中还没有展示任何商品。这时，店主需要点触页面右上角的“添加”按钮来添加一些商品图片。

进入“添加商品”页面（见图 2-70）意味着店主真正进入了添加商品图片的环节。在这个页面中，店主需要点触“商品图片”四个字下方的虚框按钮来添加商品图片。

图 2-68 点触“商品管理”按钮

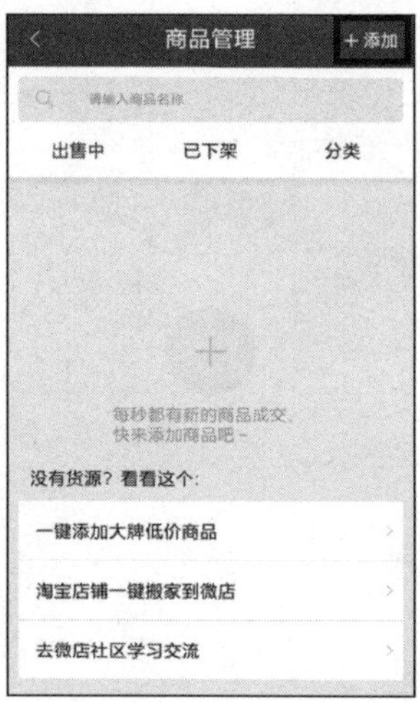


图 2-69 “商品管理”页面

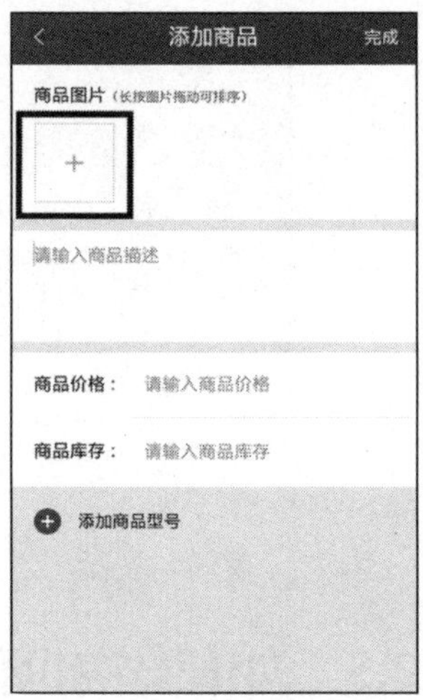


图 2-70 “添加商品”页面

点触虚框按钮后便进入了“选择图片”页面（见图2-71）。在这个页面中，店主可以从众多图片中选择需要展示的商品图片（见图2-72），点触“完成”按钮即可。这些商品图片最好提前拍摄好，不过，店主也可以选择“相机拍照”或“扫条形码”来即刻获取所需图片。随后点触“完成”按钮，便可自动完成商品图片的添加。

这时，“添加商品”页面就会展示出已添加好的商品图片（见图 2-73）。店主也可以一次性添加商品图片，但最多不能超过 15 张。添加完图片后，店主还需要根据实际情况调整商品图片的顺序。

图 2-71 “选择图片”页面

图 2-72 选择需要展示的商品图片

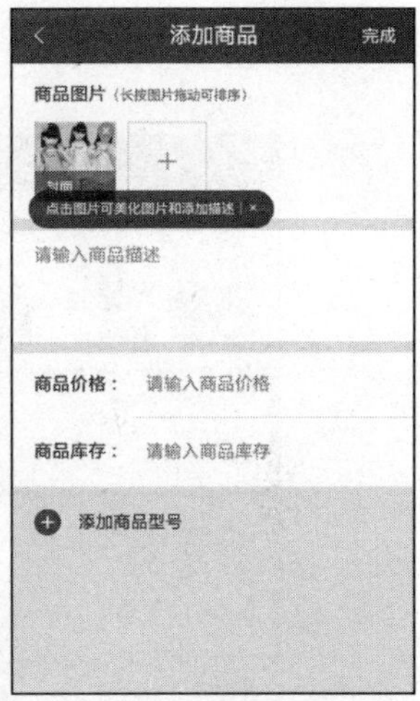


图 2-73 已添加好的商品图片

商品图片的第一张将成为宝贝详情页面的封面，也就是说，它是顾客第一眼就能看到的商品图片。该图片的选择非常重要，它将决定顾客是否愿意继续了解该商品。所以，店主添加商品图片时，要选择一张最能打动人心的图片。

## 商品描述

添加完商品图片后，接下来要做的就是对商品进行描述。在“添加商品”页面中，显示在商品图片下方的就是商品描述（见图 2-74）。在这一栏中，店主需要为已添加的商品提炼卖点，即商品的特点，并根据商品的使用人群对该商品进行描述，以便吸引目标人群的注意。

如果商品图片显示的是裙子，并且裙子的试穿模特是女童，那么，店主需要在商品描述中加入“公主”和“连衣裙”等关键词（见图 2-75）。当然，仅仅加上这些关键词还远远不够，还需要加上商品的特点，比如“韩版”“条纹”等。

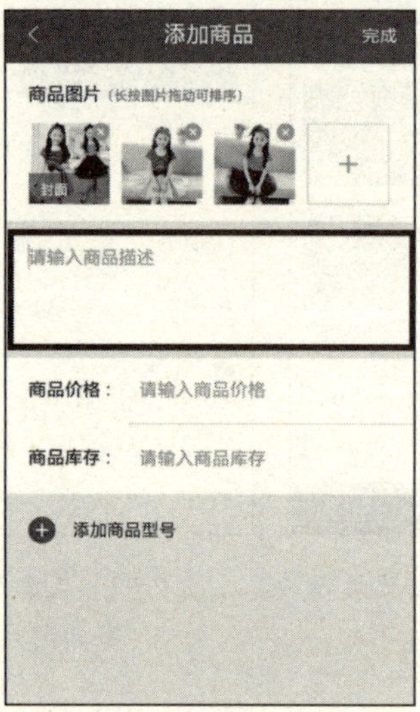


图 2-74　输入商品描述

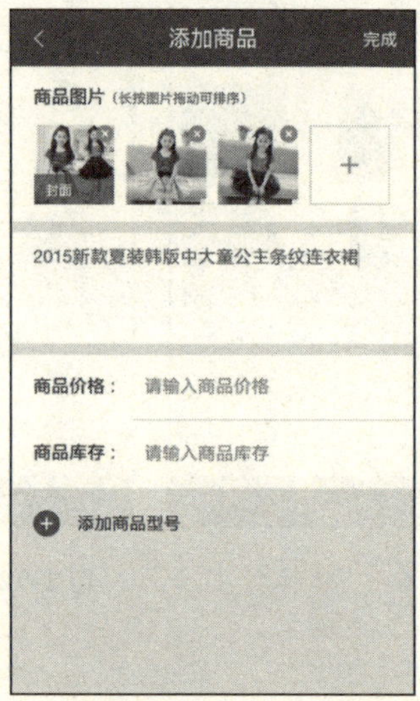


图 2-75　加入“公主”和“连衣裙”等关键词

店主需要注意，描述商品时文字要尽量简短，只要能将商品的相关信息准确描述出来并传达给顾客就可以了。

## 商品价格

不管是淘宝网店还是微店，同一款商品在不同店铺的价格都是不一样的。顾客面对五花八门的报价往往不知道如何下手。选择便宜的商品，顾客担心商品质量存在问题；选择价格贵的商品，顾客又怕买贵了。所以，如何设置商品价格对店主来说就成了一个难题。

添加完商品图片和商品描述后，可以在“添加商品”页面中的第三栏输入商品价格（见图 2-76）。但在输入商品价格之前，店主需要对商品进行准确的定价，因为商品价格太高，可能会没有销量；而价格太低，顾客又不放心购买该商品。

一般来说，顾客既不会选择价格最高的商品，也不会选择价格最便宜的商品，而会选择中间价的商品。所以，店主填写商品价格时，可以参考其他店的价格，并将这些数据一一罗列出来，取一个平均值，这样效果可能会更好一些。完成商品定价后，就可以设置商品价格了（见图 2-77）。

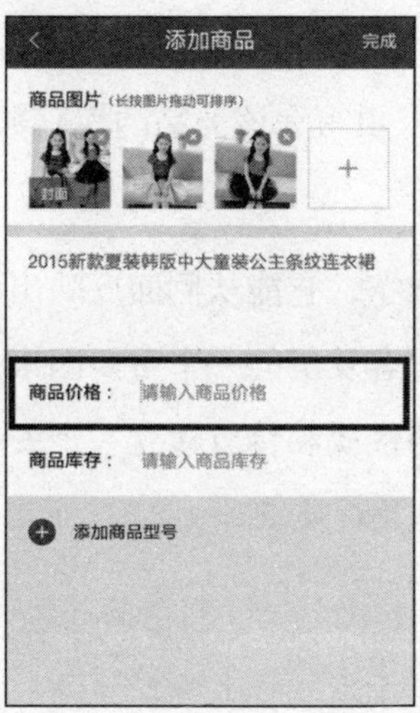


图 2-76　输入商品价格

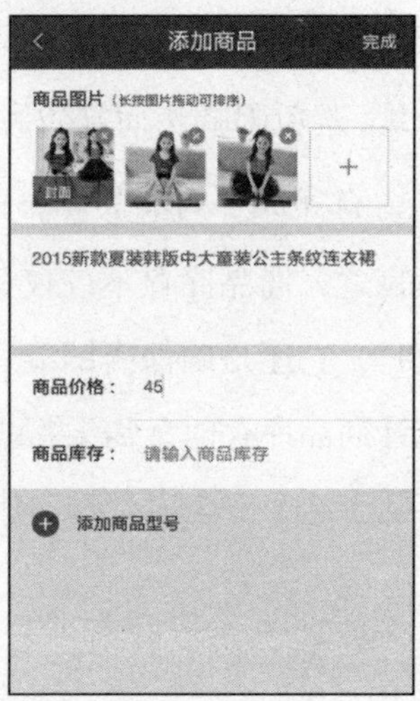


图 2-77　完成商品价格的设置

价格是决定店主是否能与顾客成交的重要因素，也是市场中最难确定的因素之一。因此，店主一定要掌握好商品的定价，这样才能带动店铺的销售量。店主必须进行市场分析，并在顾客能接受的前提下，根据商品的成本和定位去设定一个合适的价格。

## 商品库存

不管是实体店还是微店，商品库存的重要性都不言而喻。店主每天都要查看商品的库存量。一旦某件商品出现缺货，而店主又没有及时进货、补货，就会给店铺带来很多不必要的麻烦。那么，为了避免这种情况发生，店主该如何设置商品库存呢？

在“添加商品”页面中，添加完商品图片并设置好商品价格后，就需要输入该商品的库存数量（见图 2-78）。需要指出的是，店主填写的商品库存数量必须是真实的。只有这样，店主才能根据商品显示的库存数量，随时掌握每件商品的库存情况。一旦某件商品即将缺货，店主就能及时补货，避免因缺货而导致顾客流失。填写完该商品的库存数量后（见图 2-79），就完成了对商品库存的设置。

总而言之，商品库存不仅仅是一个数字，它能从侧面反映出店铺的销售量。同时，它还是确保店铺能及时给顾客发货的一个重要因素。所以，店主在统计商品库存时，需要根据商品的性质和特点建立一个安全的库存量。一旦低于这个安全库存量，店主就要及时补货。

图 2-78 输入商品库存

图 2-79 商品库存已填写

## 商品型号

在微店中，商品型号是顾客识别商品的有效凭证。无论店主售卖何种商品，商品型号都是一个必不可缺少的重要选项。那么，如何设置商品型号呢？

店主首先要在“添加商品”页面中添加商品图片，完成商品描述后点触红色的“添加商品型号”按钮（见图 2-80）。进入“填写商品型号”页面后，店主需要输入该商品的型号（见图 2-81），如童装衣服型号是“100/55”等。输完商品型号后，店主还需要填写商品的价格和库存量。当然，如果该商品还有其他型号，也可以按此操作方法再添加一个商品型号。

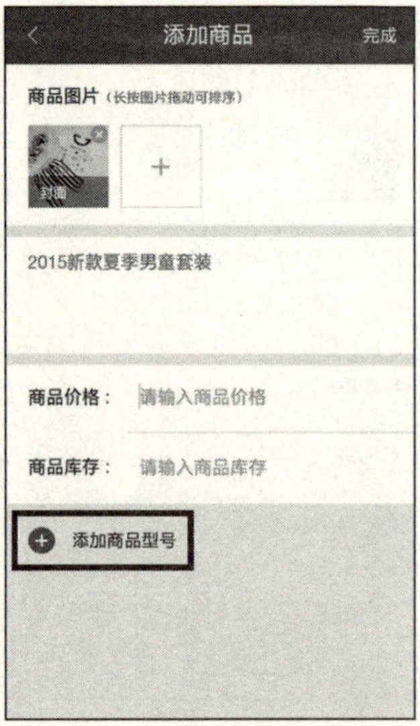


图 2-80　点触“添加商品型号”按钮

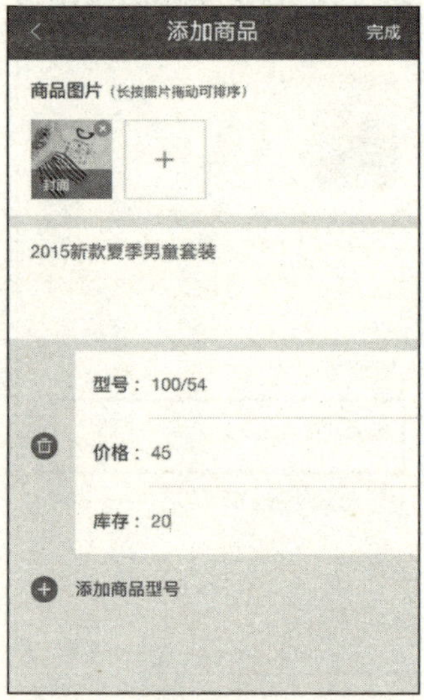


图 2-81　输入商品型号

最后，点触“完成”按钮（见图 2-82）。这时，商品型号的添加工作就完成了（见图 2-83）。

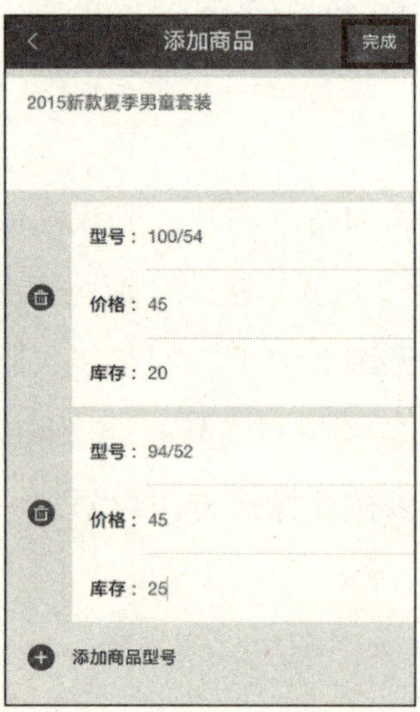


图 2-82　点触“完成”按钮

图 2-83　添加成功

之后，顾客就能在自己感兴趣的商品里看到“选择商品型号尺寸”选项了（见图 2-84）。点触“选择商品型号尺寸”选项后，顾客就可以根据自己的真实需求购买商品了（见图 2-85）。

图 2-84 “选择商品型号尺寸”选项

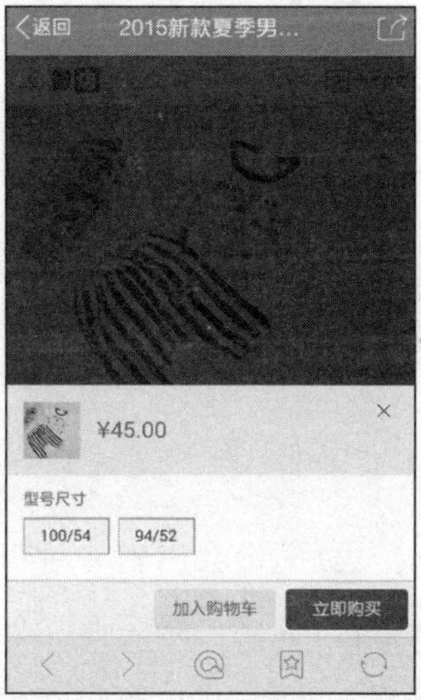


图 2-85 选择想要购买的商品型号

## 对商品进行分类

添加完所有商品后，就要对商品进行分类了，这样做的目的是方便顾客快速找到所需的商品，从而提高店铺的成交率。那么，如何对商品进行分类呢?

首先，在微店首页面点触“商品管理”按钮，然后在商品管理页面中点触“分类”按钮（见图 2-86），店主就可以点触“新建分类”按钮对商品进行分类了（见图 2-87）。

图 2-86　点触“分类”按钮

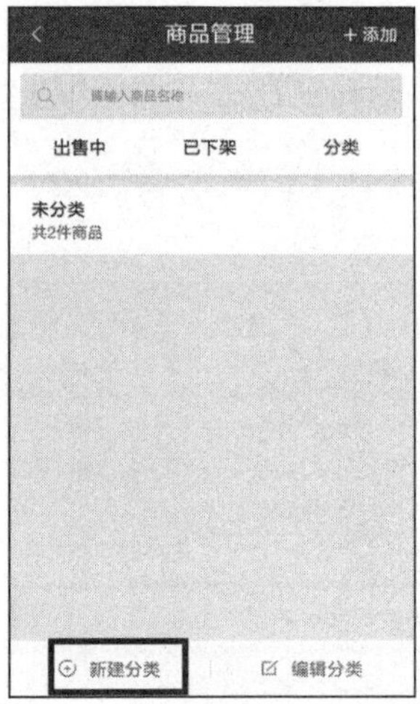


图 2-87　点触“新建分类”按钮

这时，页面中会出现“新建分类”按钮，店主需要根据自己经营的商品属性进行命名。输完商品分类名称后（见图 2-88），点触“确定”按钮。这时，便完成了新建商品分类的工作（见图 2-89）。然后，店主需要点触“未分类”按钮，进行下一步操作。

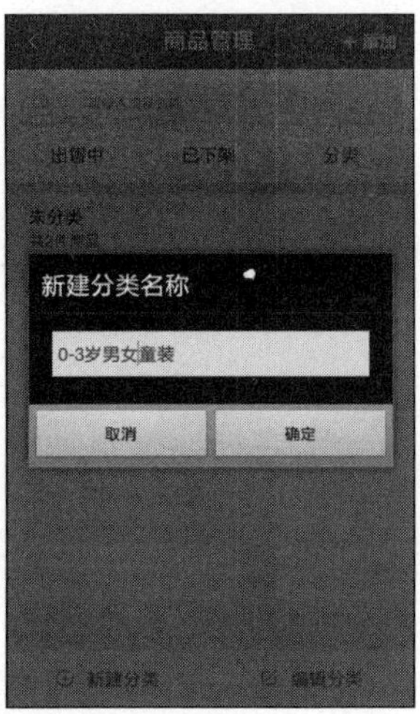


图 2-88　输入分类名称

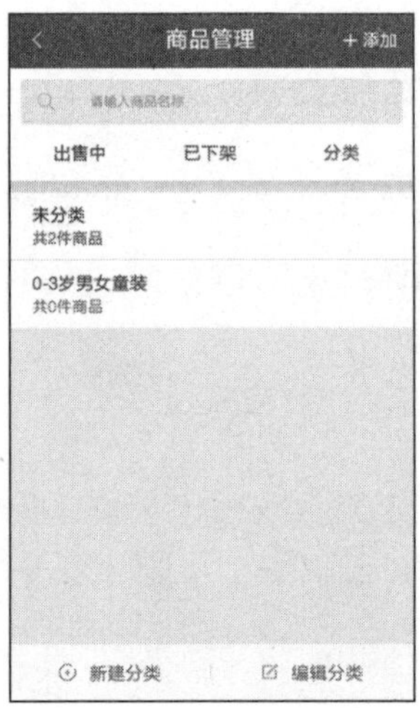


图 2-89　新建分类已完成

在“未分类”页面中（见图2-90），店主可以点触某件商品。在该商品的编辑商品页面中点触“分类至”按钮（见图2-91）。此时，微店会弹出一个分类页面，店主需要根据该商品的属性选择合适的分类。选定分类名称后，点触“确定”按钮（见图2-92），“分类至”选项右边就会显示分类名称（见图2-93），再点触“完成”按钮，便完成了该商品的分类工作。

图 2-90 “未分类”页面

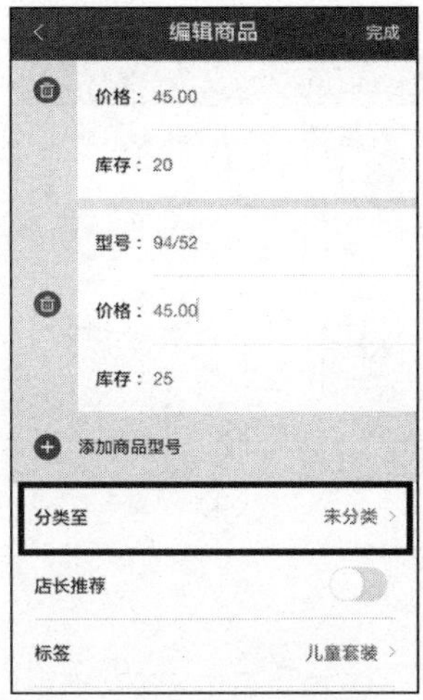


图 2-91 点触“分类至”按钮

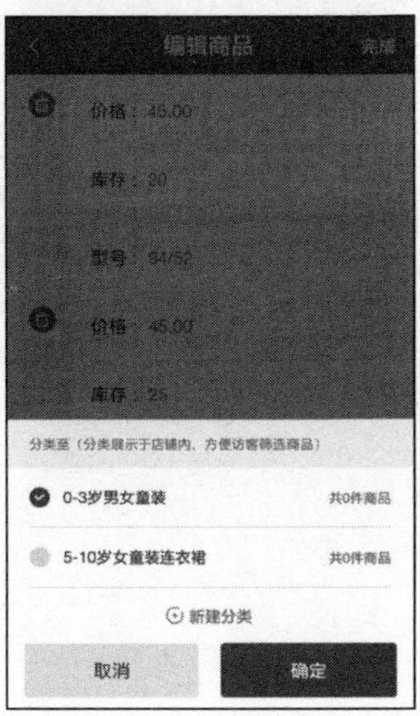


图 2-92 点触“确定”按钮

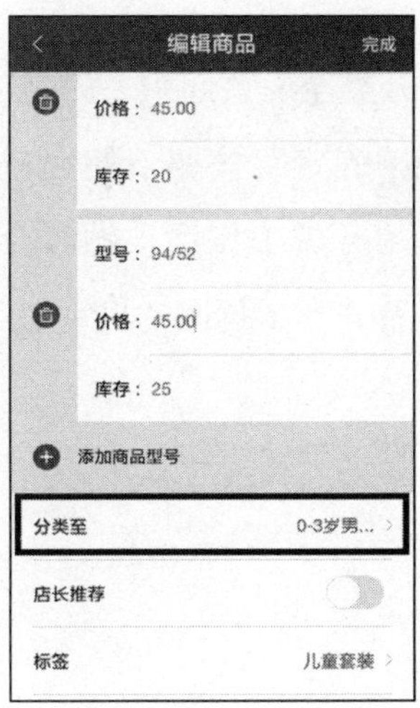


图 2-93 显示分类名称

需要注意的是，如果店铺需要分类的商品很多，可以点触“未分类”页面中的“管理”按钮，然后点触“批量操作”按钮进行分类（见图 2-94）。这时，管理未分类页面会显示未分类的商品，店主可以将所有属于同一类的商品选中，并点触页面下方的“分类至”按钮（见图 2-95）。

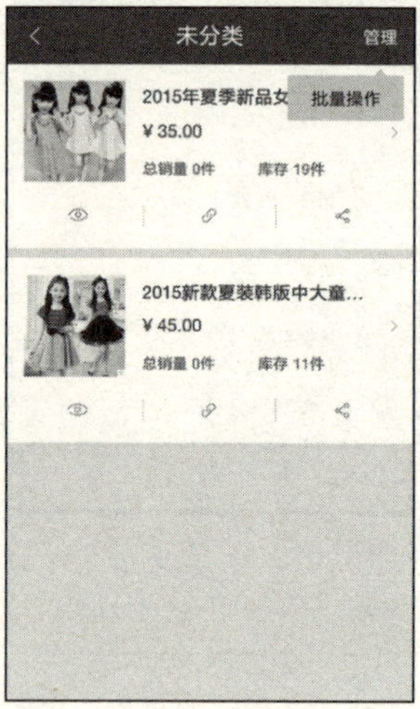


图 2-94　点触“批量操作”按钮

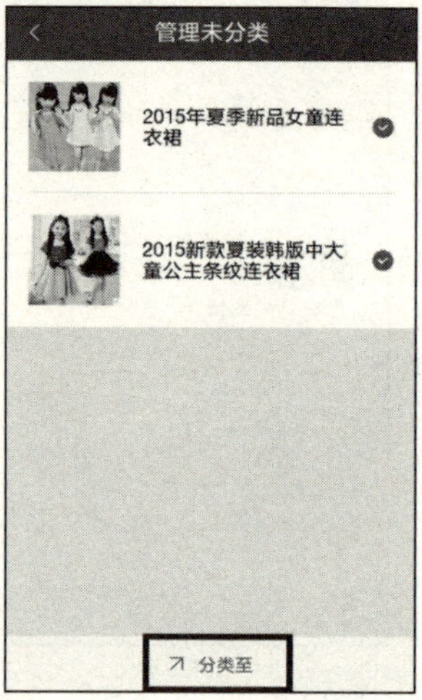


图 2-95　点触“分类至”按钮

在“分类至”页面中，店主需要选择合适的分类名称（见图 2-96），然后点触“确定”按钮，便完成了同类商品分类的批量操作工作。完成所有商品的分类工作后，顾客会通过店主发送的店铺链接，及时看到店铺内的商品分类（见图 2-97）。

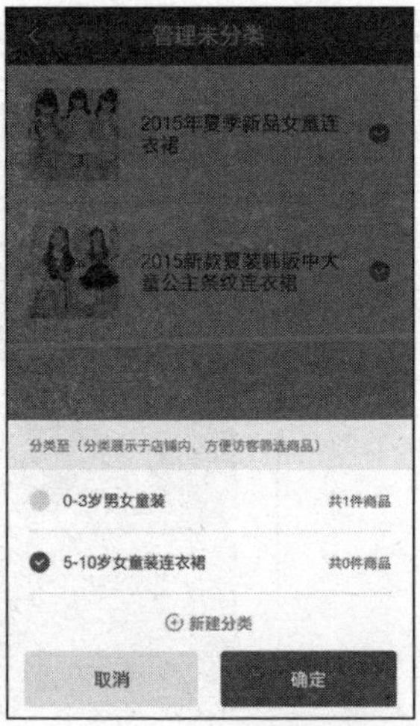


图 2-96　选择合适的分类名称

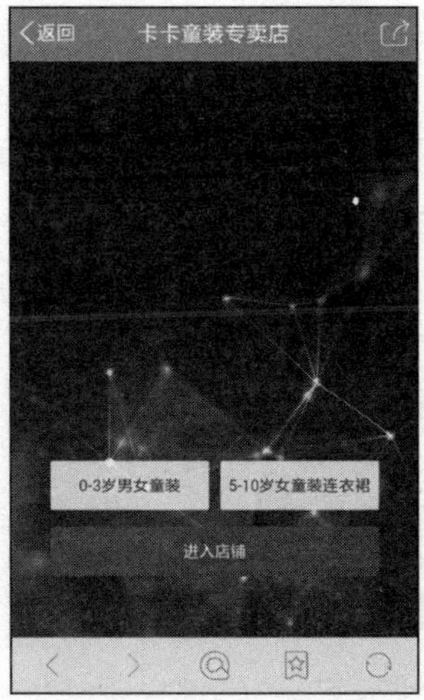


图 2-97　顾客看到的商品分类

对商品进行分类是店主必须要做的重要工作之一。只有将店铺内所有商品进行分类，顾客才能在店铺里更快地找到自己所需商品。

## 删除商品

如果店主不想售卖某件商品，可以将其删除。那么，具体该怎样操作呢？

首先，在微店首页面中点触“商品管理”按钮，进入“商品管理”页面后（见图 2-98），找到并点触需要删除的商品。之后，在该商品的编辑页面中下拉页面，点触右下方的“删除商品”按钮（见图 2-99）。

此时，页面会上会提示“你要删除这个商品吗？”，点触“是”按钮（见图 2-100），便可完成该商品的删除工作。

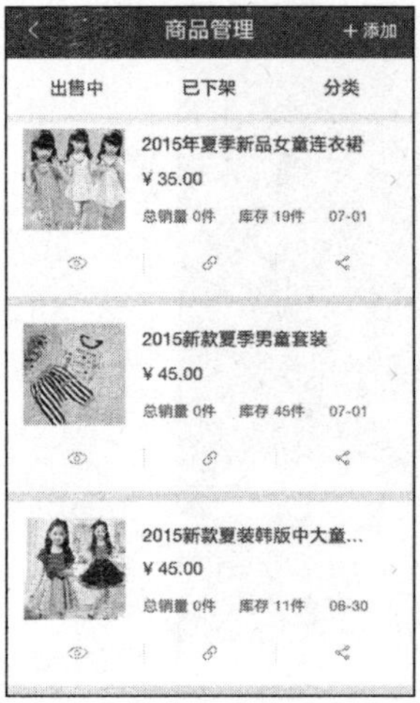


图 2-98 “商品管理”页面

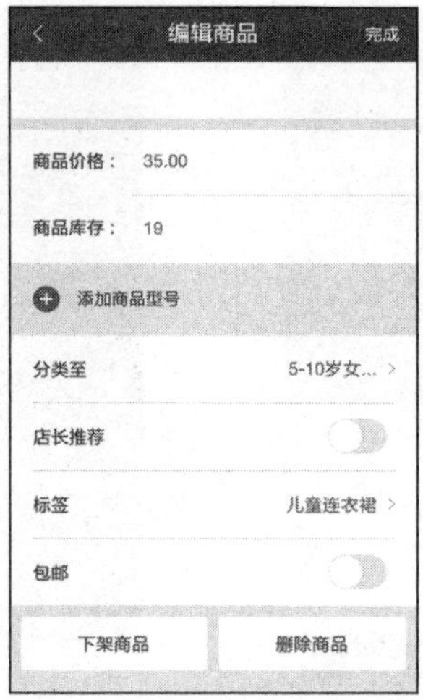


图 2-99 点触“删除商品”按钮

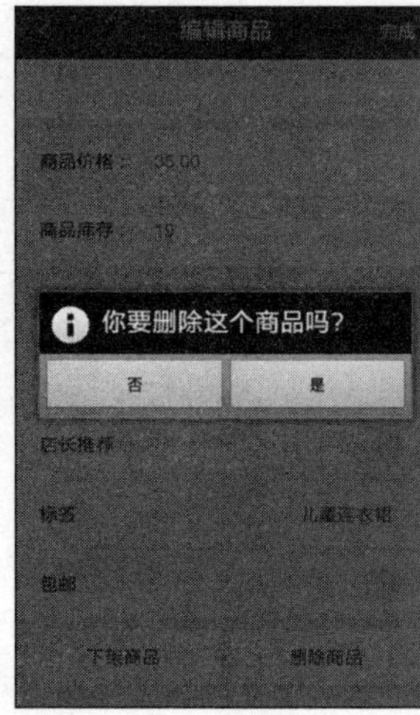


图 2-100 点触“是”按钮

# 第 3 章

# 引流：线上线下全方位用户导入

有些人认为开微店很难，不知该从何入手。但有些人却认为开微店很容易，即使是新手也很容易做起来。

其实，微店难不难开、生意好不好做，主要看店主会不会引流。毕竟，只有有了用户和粉丝，商品才有可能卖出去。对微店运营工作来说，如果店主懂得线上线下全方位导入用户，增加客流，那么成交率就会大大提高。

## 3.1 顾客引流的渠道

有些微店店主欢喜是因为生意越来越红火，而有些微店店主忧愁是因为生意一直很冷清。其实，店铺生意不好主要是因为客流量少，而客流量少是因为店主要么没有做引流工作，要么引流方式和渠道不正确。总体来讲，顾客引流的渠道有很多，如微信、微博等社交平台。微店店主只有了解并学会运用顾客引流的渠道以后，才能提高店铺的曝光率，为自己的店铺带来巨大的客流量。

### 微信引流

微信是微店引流的重要渠道（见图 3-1），因为微信的用户基数大，而且微信通讯录里很多人都是自己的亲朋好友，如果店主将店铺或单个商品链接一键分享到朋友圈，就有可能获得一定数量的潜在顾客。

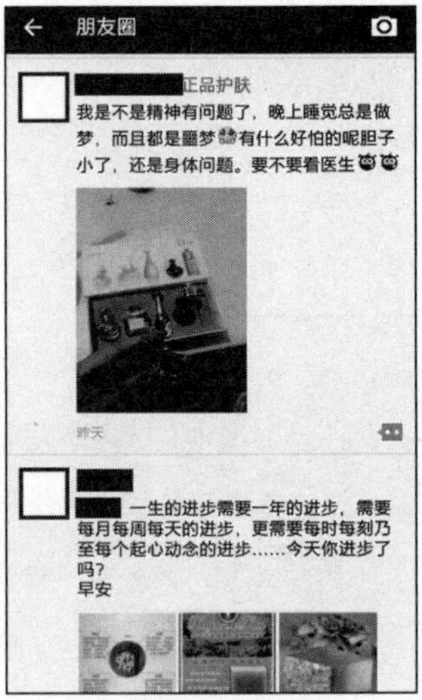


图 3-1　微信引流

此外，要想借助微信平台来达到最佳的引流效果，除了朋友圈之外，店主还可以注册公众账号，它也是微信引流的得力助手。不过，店主运营一个公众账号需要花费很多时间和精力，而且短期内不会获得显著的效果，需要长期培养。

总而言之，微信是一个不错的引流渠道，只要店主能够灵活运用，坚持发文案和商品信息，即使不会立即有顾客购买，也会一直有人关注，然后在他们有需求的时候就会想到你，并购买你的商品。

## 微博引流

除了微信以外，微博的用户基数也比较大，而且活跃用户数也非常多。同时，微博还在不断改进和完善中，尤其是对长文的发布和阅读的优化从未停止过。除此之外，微博还会在内容和形式上有所扩展和突破，如插入视频、音频等。微博一直不断地完善自媒体的推广机制，现已推出广告分成、话题分成和商品售卖三种功能，使店主用微博推广店铺或商品更加方便。所以，店主选择在微博上引流（见图3-2），其效果是比较显著的。

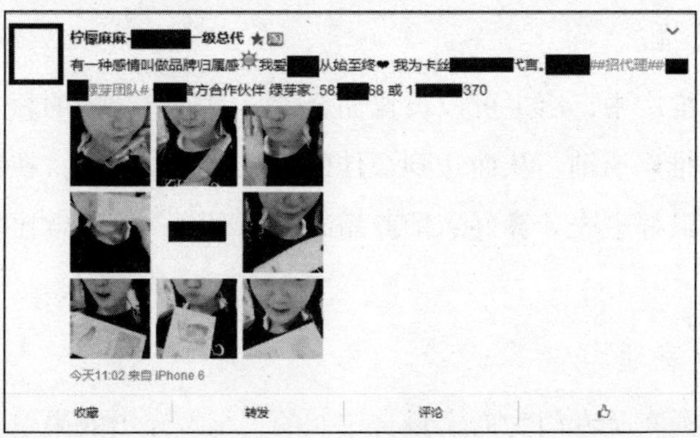


图 3-2　微博引流

## APP 引流

任何一款 APP 都有自己独特的引流功能。以口袋微店为例，它的引流功能主要有友情店铺、分成推广、口袋直通车以及入驻市场四个方面（见图 3-3）。

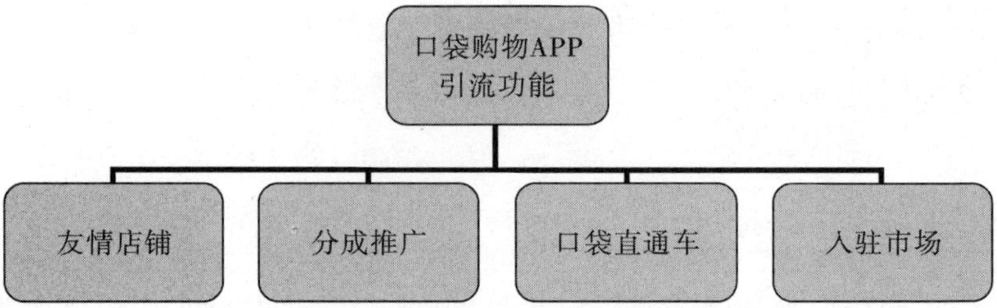


图 3-3 口袋购物 APP 引流功能

1. 友情店铺

在友情店铺中，店主可以添加、管理、统计以及关注友情店铺。通过友情店铺，店主可以寻找到与自己实力相当且不存在竞争关系的店铺，与它们互设友情店铺链接，这样能给自己的店铺带来大量的顾客。

2. 分成推广

在分成推广中，店主可以设置佣金，只需支付合理的薪水，就会有很多人帮助推广店铺，从而达到最佳的引流效果。当然，在设置佣金比例时，店主最好事先计算好店铺商品的利润率，一般佣金比例为利润的10%~30%。

3. 口袋直通车

口袋直通车是专门为商家量身定制的，是按点击效果付费的一种营销方式，它可以面向口袋购物的上千万用户，对商品进行精准推广。如果店主担心店铺没有客流量，就可以开通口袋直通车。需要注意的是，开通口袋直通车需要满足三个条件：一是要开通担保交易；二是要在售商品数不少于 5 件；三是最近 30 天完成 5 笔已经提现的订单。

开通口袋直通车后，店主就有资格将店铺展示在黄金位置上了，这可以大大提升店铺的曝光率，让上千万微店用户看到自己的店铺，这是一个效果非常显著的引流方法。

4. 入驻市场

在入驻市场中，店主可以根据店铺的实际情况，在“微店店主版”“口袋购物”“微店全球购”和“今日半价”四大市场中选择能够入驻的市场，这样就能提高店铺的曝光率，这也是一种非常不错的引流方式。

实际上，口袋微店只是众多微店 APP 中的一款，不同的 APP 的引流功能也不同。店主可以根据自己所使用的微店 APP 的引流功能，选择一种最适合自己的引流方式。

## QQ 空间引流

众所周知，腾讯 QQ 是一个使用用户众多的社交平台，同时也是一个有效的引流渠道，尤其是 QQ 空间，其引流效果最为显著（见图 3-4）。在 QQ 空间里，店主可以在“日记”和“说说”中发送商品信息，而这些信息都能被 QQ 中的好友在好友动态中看到，而且好友在看到你发送的商品信息后，很可能会为之评论、点赞，某种程度上还能有效增加店铺的人气。

图 3-4　QQ 空间引流

# 3.2　如何将顾客吸引到你的店铺

对微店新手来说，仅仅知道引流渠道是远远不够的，还要懂得如何将顾客吸引到店铺中来，如塑造好口碑等。

## 好口碑是成长的基石

好口碑是微店成长的基石。在微店中，有些口碑好的店铺不仅拥有较高的熟客复购率，而且还会带来更多的潜在顾客，这就是好口碑产生的巨大效益。因此，想要做好微店运营工作，赢得好口碑必不可少。店主要想为店铺赢得良好的口碑，就必须做到以下三点（见图 3-5）。

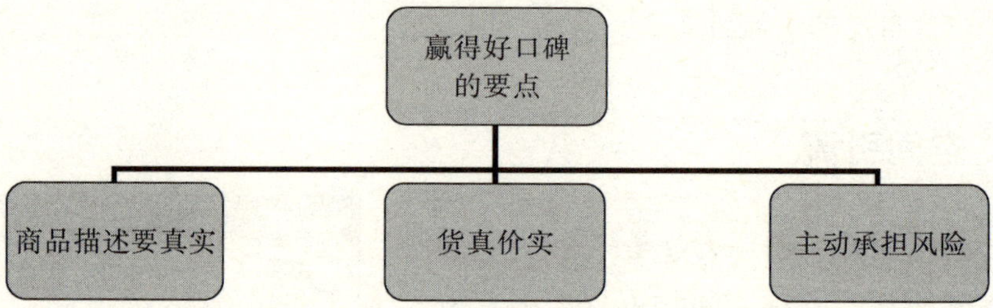


图 3-5　赢得好口碑的要点

1. 商品描述要真实

在实体店中，店主可以直接接触到顾客，用高超的销售技巧引导顾客购买商品。而在微店中，店主无法面对面地与顾客进行交流，只能通过商品描述来吸引顾客购买商品。可以说，商品描述是向顾客展示商品的卖点，促使顾客购买的关键因素。

为了增加商品对顾客的吸引力，店主在对商品进行描述时，一定要做到真实，这样才能获得顾客的信任，并且为店铺赢得良好的口碑。

2. 货真价实

在销售行业，货真价实是每位店主必须要遵循的一项重要法则。在微店经营过程中，店主不仅要保证自己售卖给顾客的商品是真货，而且商品价格还要公道、合理。这样才能获得顾客的信任和认可，为店铺塑造一个良好的品牌形象。

### 3. 主动承担风险

即使店主能保证商品是货真价实的，但还有其他意外风险会影响到店铺的口碑，如商品的次品率、快递运货过程中的意外等，这些都是无法避免的。有些时候，顾客在收到商品后，会因为物流太慢或货物有损坏而抱怨店铺。

一旦发生上述情况，店主应主动承担责任，帮助顾客及时解决问题，如顾客要求退换货，店主应主动承担退换货所需支付的运费。只有这样，才有可能给顾客留下好印象，这不仅有利于赢得好口碑，还能促进店铺销量。

## 好名字让你一夜成名

对微店来说，一个好名字绝对是成功获得客流量的重要因素之一。与一些特殊的名字相比，简单易记、特点鲜明的名字更容易让顾客记住，如三只松鼠、七格格等。

既然微店的名字如此重要，那么该如何为微店取一个好名字呢？给微店取名要做到以下三点（见图 3-6）。

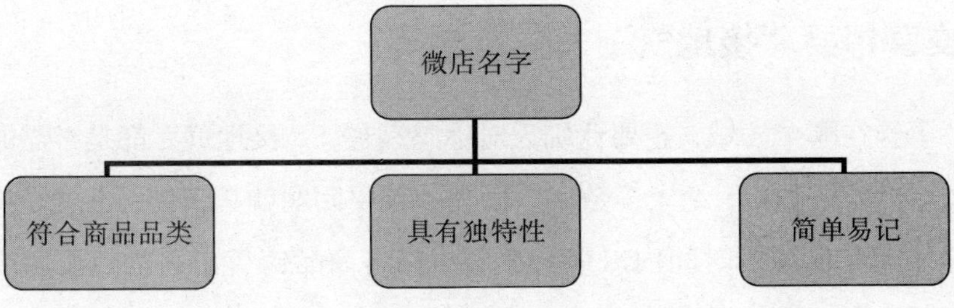


图 3-6　微店名字

### 1. 符合商品品类

在为店铺取名字时，店主最好根据自己经营的商品品类来命名，这样不仅节省了店主做商品推广的时间和精力，而且方便顾客更快找到自己想要的商品。

2. 具有独特性

微店名字还要具有独特性，因为微店名字太普通，就会与其他店铺重名。当顾客无意间进入你的微店，看中某件商品并成功下单，由于购物体验不错，想要再次光临你的店铺时，却发现同名的店铺太多，很难再找到你的店铺。这样在无形中你会失去大量的优质顾客。所以，想要在众多微店中脱颖而出，让顾客更容易找到你，店主就必须为自己的微店取一个独特的名字。

3. 简单易记

有些店主追求个性，为微店取名字时常常会使用一些比较生僻的汉字、符号或字母。由于顾客看不懂或读起来绕口，往往会对该店铺产生不好的印象从而放弃到店铺浏览商品，导致店铺生意冷清。

一个好的微店名字是微店的活广告，不仅能够提升微店品牌的知名度，还能提高店铺的销售量。所以，微店名字最好要简洁明了、通俗易懂。

## 社交营销要“接地气”

不管在哪个领域，想要让别人对你感兴趣，“接地气”都是必需的。在微店经营过程中，绝大多数店主面临的首要问题就是营销，也就是说，怎样才能在最短的时间内以最合适的价格将商品销售出去。想要解决这一问题，店主就必须要做到以下三点（见图 3-7）。

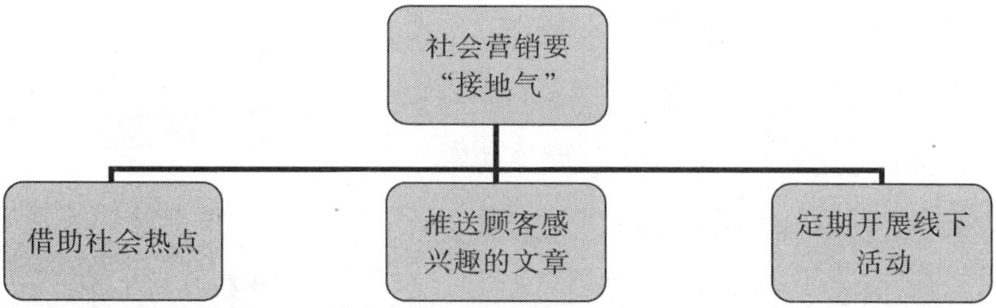


图 3-7 社会营销要“接地气”

### 1. 借助社会热点

如果店主用心观察就会发现，无论是在生活中还是在网络中，能在短时间内被广泛传播的必定是社会热点。所以，店主平时要多关注社会热点，借助社会热点达到吸引顾客的目的。

这种“接地气”的营销方式更容易被他人接受，其营销效果要比硬生生地推广好很多。比如，电视剧《花千骨》开播后，很多人都在关注它，所以有些店主在推广店铺时，就充分地利用了这部电视剧的某些情节（见图 3-8、图 3-9 和图 3-10），引来了大量顾客的关注。

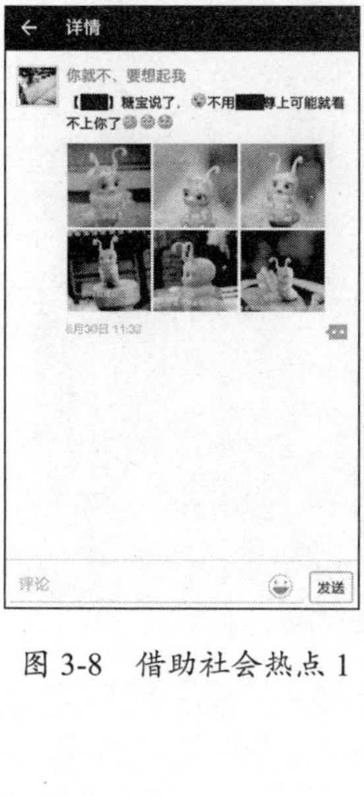


图 3-8 借助社会热点 1

图 3-9 借助社会热点 2

图 3-10 借助社会热点 3

2. 推送顾客感兴趣的文章

不管店主经营的是哪种类型的商品，都要推送顾客感兴趣的文章。如果顾客对你发送的文章都不感兴趣，又怎么会关注你的店铺呢？

如果你售卖儿童绘本，那么你的目标顾客一定是年轻妈妈，她们通常比较关注家庭生活和儿童教育方面的文章（见图 3-11），店主就可以多推送这些文章给她们，从而增加店铺的访问量。而且，如果当她们有问题向你咨询的时候，你也能与她们进行愉快的交流，这不仅有利于店主与顾客建立长期稳定的信任关系，而且对店铺的发展也是极为有利的。

三言智创图书出版

我们怎样做父母

2015-07-14 三言智创图书出版

文/宗风秋

朋友来家里玩，说起当年上学的时候，父母从来不告诉自己，怎样去努力、努力的结果是什么，只是一味地告诉自己，好好学习，好好学习……

我们的父母，大都没有文化，他们不懂得、也不知道如何引导我们，本也无可厚非。但另外一个朋友的父亲，是高中的语文老师，他站在讲台上，会引导他的学生们，如何去努力，如何规划自己的人生。却从来没有和自己

图 3-11　儿童教育文章

3. 定期开展线下活动

对店主来说，忠实顾客的价值是不可估量的。店主只有与顾客多互动，顾客的忠诚度才会越来越高。

当然，店主仅仅在线上与顾客沟通是远远不够的，还要定期开展线下活动（见图 3-12），让顾客参与进来，并与顾客充分互动，才能让顾客感觉到你把他当作朋友看待。举办这种接地气的活动可以让顾客更加了解你、认可你，始终支持你。

图 3-12　线下活动

总而言之，微店营销要建立在顾客信

任的基础上，在微店上卖商品，最好的理念就是让顾客觉得自己买到的是物美价廉的商品。“我可以帮到你”，这种比较接地气的营销可以更好地帮助店主树立品牌形象，从而让顾客信任你，并购买你的商品。

## 3.3 如何通过节假日吸引顾客

在店铺经营过程中，店主最担心的就是店铺没有客源，毕竟没有顾客就没有生意可做。为了增加客流量，店主可以通过节假日让别人快速知道自己的微店，这样就可以增加店铺的曝光率，使店铺里的顾客越来越多。

### 借用节假日巧妙切入

如果店铺的生意比较冷清，进入店铺浏览商品的顾客很少，店主就需要利用引流来改变现状。如何引流？这是很多店主都在思考的问题。其实，想要解决这一问题并不难，借用节假日巧妙切入（见图 3-13）就是一个好方法。

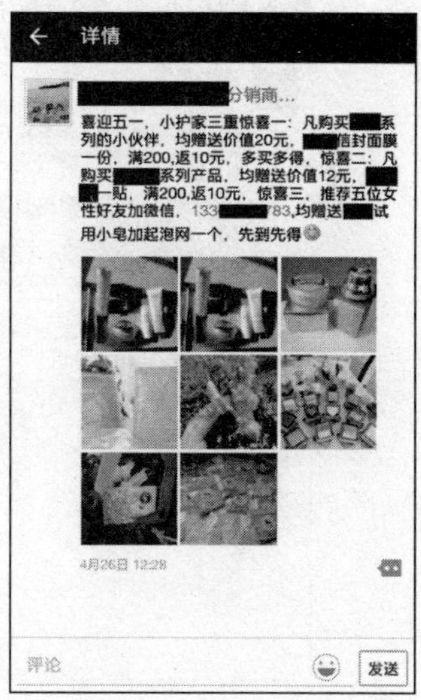


图 3-13　借用节日巧妙切入

节假日有很多，如情人节、春节、国庆节等。在这些特殊的节日里，所有人都沉浸在节日的欢乐气氛当中，购物的欲望也比平时强烈。不管他们购物的目的是什么，只要是他们所需的商品，他们就会毫不犹豫地购买下来。

## 埋下悬念让粉丝互动

在微店经营的过程中，推广商品是必不可少的一项工作。如果店主想要吸引更多的顾客，就可以搞一些不同主题的促销活动，如“五一大酬宾”“买二送一”等（见图 3-14），以此来吸引顾客。

## 践行承诺继续送出

为了让更多人知道自己的店铺，获取大量的潜在顾客，很多店主都会利用节假日来搞各种促销活动，甚至有些店铺会策划付邮试用的活动（见图 3-15），只不过，商品是限量的，送完为止。对顾客来说，这样的活动最受他们欢迎，因为可以以接近免费的价格试用商品，他们当然会踊跃参与。

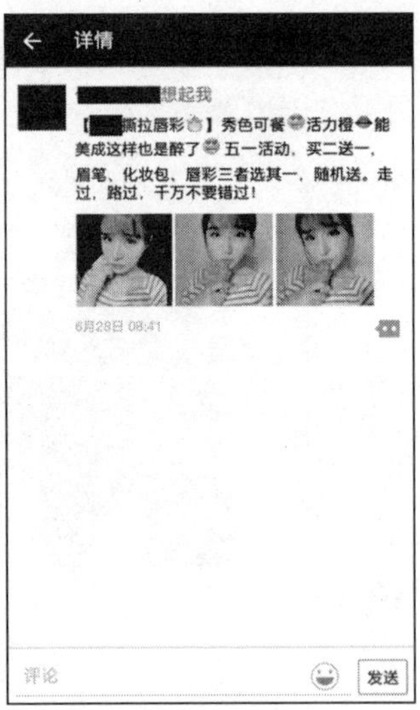


图 3-14　买二送一的活动

图 3-15　付邮试用的活动

对店主来说，虽然这是快速增加客流量的好方法，但是店主一定要践行承诺。如果店铺连最基本的诚信都做不到，那么是得不到顾客信任的。

所以，店主一定要遵守诺言。只有这样，才能获得顾客的信任，从而达到引流的目的。

### 保证活动公平公正

不管店主进行哪种促销活动，都要保证活动的公平、公正，因为这是获得顾客信任的前提。不管是实体店还是微店，在举办促销活动时都设置了各种奖品，以吸引顾客，但活动结束时，奖品却赠送给了与店主熟悉的人或老顾客。

显然，这样的活动是不公平、不公正的，一旦事情被暴露出来，店铺就会失去大量顾客，这对店主来说显然是得不偿失的。所以，店主在进行促销活动时，一定要做到公平、公正，无论是自己的亲朋好友还是顾客，都要平等对待，使大家都有获得奖品的机会。只有这样，才能赢得顾客的信任，从而吸引大量顾客光临。

## 3.4 线上引流的四种方法

如果店主想要改变客流量不高这一现状，可以尝试线上引流的方法来增加店铺的曝光率。一般来说，线上引流的方法有很多，如好友互推、添加目标顾客 QQ 群等，这些方法都比较有效、实用。事实上，不管店主采用哪种引流方法，只要用心去做，都会取得不错的效果。

## 寻找好友互推的盟友

现在，微商越来越多，货源容易找，但客源却不好找。想要解决这一难题，店主可以采用好友互推的方法来快速增加店铺的访问量。在选择互推的盟友时，对方的实力一定要与店主相当，而且不是店主的竞争对手。只有这样，才能为店主带来源源不断的顾客。

当然，店主还可以到微信、博客、贴吧等社交平台上发布请求好友互推的信息，这样就会有很多人能看到店主的需求，当别人也有互推的意愿时，就会主动与店主联系。与店主互推的人越多，顾客就越多，生意就会越好。

## 建立或加入目标顾客 QQ 群

每一个 QQ 群都有非常鲜明的特征，如“游泳爱好者”“健身房可乐”等( 见图3-16 )。店主在选择 QQ 群进行引流时，首先要找到与自己售卖的商品相匹配的 QQ 群，如店主售卖的是健身器材，就要找那些以健身为主题的 QQ 群。

图 3-16　各类主题的 QQ 群

由于店主既不是 QQ 群群主，也不是 QQ 群管理员，就要注意引流的方式。不要刚进入群里就直接打广告，要先与众人打招呼，聊些话题，等大家都相熟了以后，再向他们推荐自己的微店，如果他们感兴趣自然就会购买，这样引流就很容易了。当然，如果你能与群主搞好关系，你的引流工作进展得就会更顺利。当然，店主也可以自己建立一个 QQ 群，这样就更方便做引流工作了。

## 发表文章或回答他人的提问

对店主来说，到一些知名平台上发表文章，或者是回答他人的提问也是一个效果不错的引流方法。虽然有些平台上不允许发送广告，但店主可以运用巧妙的方法，如店主可以在百度的“新闻”或“知道”上发表文章，或者寻找与微店相关的问题回答，但是在回答问题的同时千万要记得在最后写上你的联系方式（见图 3-17）。当然，店主也可以直接附上店铺链接。这样，当人们搜索相关问题的答案时，就有可能注意到你的店铺信息，从而提升店铺的客流量。

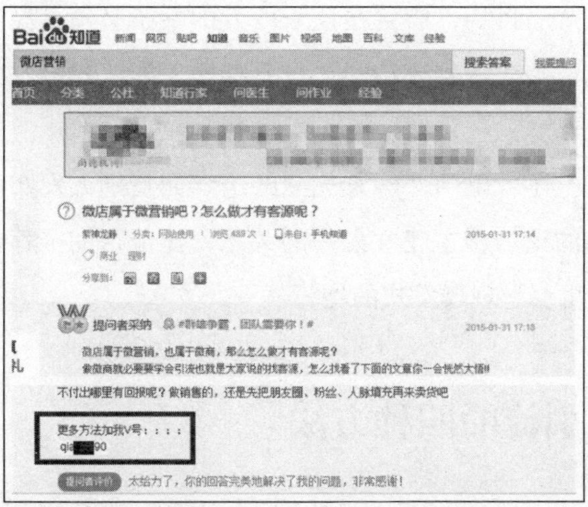


图 3-17 写上你的联系方式

## 在论坛发帖或回复他人帖子

很多人都认为，在论坛中发帖子或回复他人的帖子（见图 3-18）不会取得太好的引流效果。其实，论坛跟你的店铺一样，是需要经营的。当你在论坛极具人气时，你店铺的客流量就会自然而然地提高。

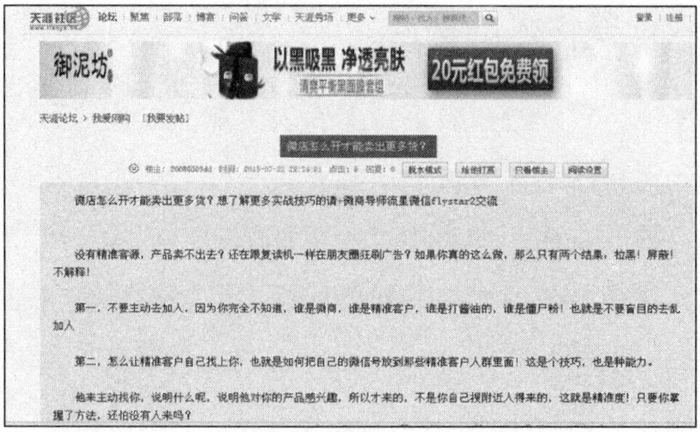


图 3-18 论坛引流

要想达成这一目的，店主在论坛内发的帖子必须是高质量的。标题要有足够的吸引力，内容要精彩，只有这样才能引起网友的好奇心，从而点击店铺的链接。

另外，店主还可以到一些人气高的论坛回复别人发布的帖子，如果能与这些知名的论坛楼主建立良好的关系，让他帮助推荐你的店铺，你店铺内的顾客也会呈现爆发式的增长。

## 3.5 线下引流的四种方法

只要能增加店铺的客流量，店主就不能放弃任何曝光店铺的机会。店主可以尝试线下引流的方法，如发送宣传单等，只要店主认真去做，就会取得良好的引流效果。店主只要掌握线下引流的四种方法，就能为店铺带来更多的潜在顾客。

### 发送宣传单

发送宣传单（见图 3-19）并不是实体店的“专利”，这种引流方法同样适用于微店。在宣传单页上，店主在将自己售卖的商品列在上面的同时，不要忘记添加自己的微店信息或微信号。这样，对你的店铺感兴趣的人才能在第一时间找到你的店铺，从而达到吸引顾客的目的。

图 3-19　发送宣传单

店主在发送宣传单时，一定要选择好地点，尽量选择客流量比较多的地方，如公园、商场等。除此之外，宣传单一定要发送给店铺的目标人群，这样才能保证有效客流的最大化。

## 在商品包装盒上贴上微店或微信二维码

为了增加店铺的曝光率，店主可以在商品包装盒上贴上微店或店主微信的二维码，因为顾客购买的商品不一定是买给自己的，也有可能是送给自己的亲朋好友。这样，如果收到商品的人对你的店铺感兴趣，只要扫描二维码就能进入你的微店。所以，在商品包装盒上贴微店或微信二维码（见图 3-20）是一个效果非常好的线下引流方法。

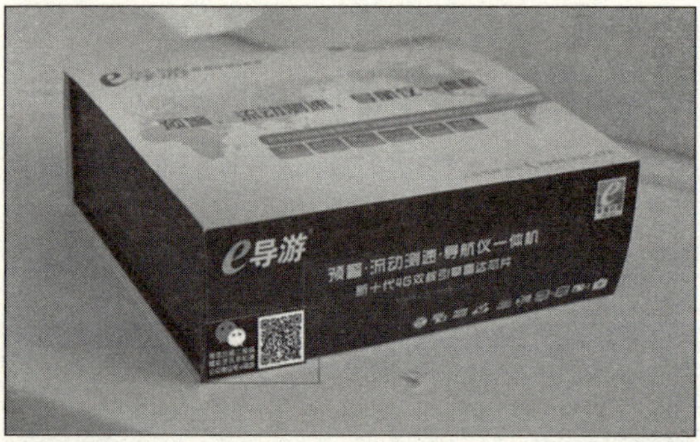


图 3-20　包装盒上的二维码

## 积极参加各项集体活动

每个人有可能会成为你店铺的潜在顾客。一般来说，人群聚集的地方就是有集体活动的地方，如亲子活动（见图 3-21）、文艺表演活动、旅游活动等。店主都要积极参加这些活动，并尽量融入到集体活动当中，与每个参加活动的人成为朋友。

图 3-21　亲子活动

俗话说：“先做朋友，后做生意。”当彼此间成为无话不说的朋友后，你再向他们推荐店铺，他们不仅不会反感，反而会因为信任你，成为你的顾客。即使他们不会立即购买你的商品，但很有可能会向他人推荐你的店铺，这也是绝佳的引流方法。

## 与其他店铺联盟

一个人的能力毕竟有限，如果店主能够与其他店铺联盟，就有可能达到意想不到的引流效果，这也是行之有效的线下引流方法之一。不过，找合作的商家时，要找与自己经营类型不同的商家，最好是与自己商品相配套或互补的商家，这样大家才能互惠互利。

在与其他店铺联盟引流过程中，大家可以一起策划方案，如可以将各家的爆款单品列在一张小卡片上，然后把这张卡片粘贴在各自新、老顾客的商品包装上，如果顾客有需求，扫码即可购买。这种互利共赢的引流方法值得各位店主尝试。

# 第4章

# 无推广，不营销

对微店新手来说，由于刚开业，顾客数量不多，因此店铺生意比较冷清。店主要想改善这一局面，可以尝试在各大社交平台进行推广。事实上，可供店主利用的社交平台有很多，如微信、微博等。只要店主找到合适的推广渠道和方法，就能让更多的人知道你的店铺。

# 4.1 品牌基础推广

要想做好微店，将商品销售出去，就需要进行必要的品牌推广。在进行品牌推广时，店主可以选择的推广平台有很多，如百度百科、论坛等，这些平台各自都有不同的特点，店主只有掌握这些特点，才能更好地利用这些平台，为店铺和商品树立良好的品牌形象，得到更多顾客的喜爱和认可。

## 百科类推广：在百度百科建立品牌词条

在日常生活中，百度百科拥有非常高的权威性，很多店主都喜欢到百度百科创建词条，以达到店铺的推广效果。如果店主利用百度百科进行推广，首先，要注册成为百科用户，才能享受相关服务；其次，店主要熟悉百度百科的规则，按照其规矩进行推广；最后，店主需要注意链接的融入，可以在创建时间超过一周的词条内容中进行编辑，需要多扩充一些内容，并在词条中间添加相关链接，这样就能增加词条的通过率。

一般来说，账号等级越高，通过率越高，所以，店主平时要注重账号的培养。那么，该如何在百度百科创建品牌词条呢？

1. 进入百度百科首页

在搜索框中输入百度百科，进入百度百科首页（见图 4-1）。

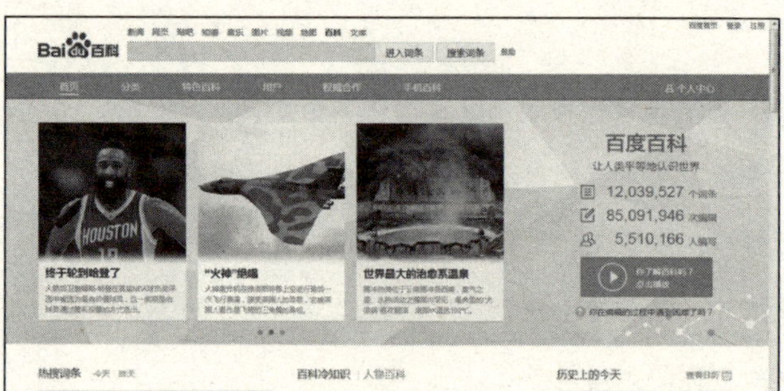


图 4-1　百度百科首页

下拉百度百科页面，找到“我来试试”板块，并单击“创建词条”按钮（见图 4-2）。

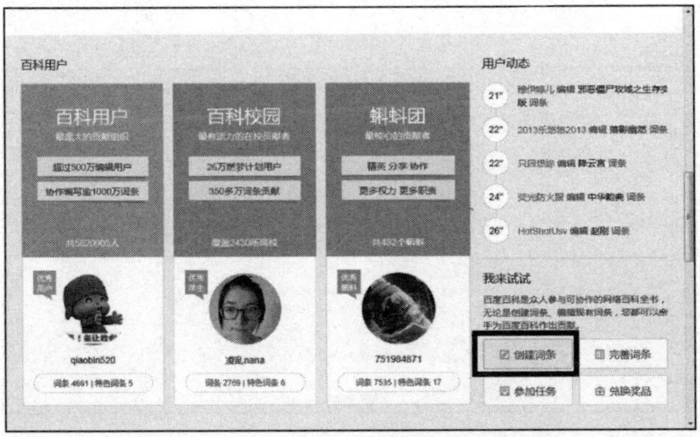


图 4-2　单击“创建词条”按钮

## 2. 创建词条引导

在创建词条引导页上可以看到两个选项，一个是“提升创造成功率，贴心引导看这里”，另一个是“百科资深用户，无需引导直接编写”。如果店主是第一次在百度百科创建词条，那么最好选择第一个选项（见图 4-3）。

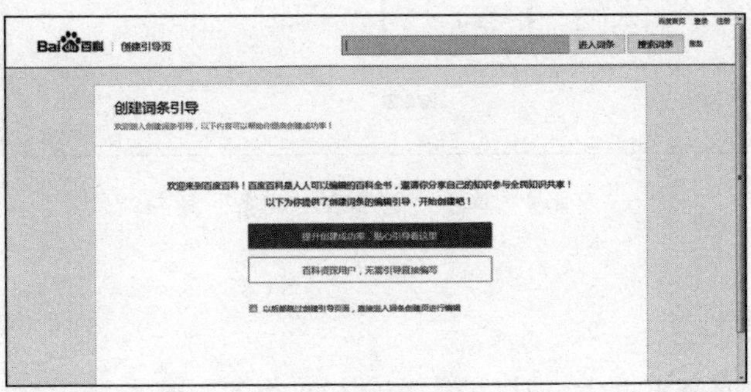


图 4-3　选择“提升创造成功率，贴心引导看这里”选项

在创建词条页面中，需要先阅读“声明”（见图 4-4），掌握百科创建词条的规则，了解什么是词条，选择你要创建词条的类型，掌握内容的编写方式，明白参考资料的重要性。

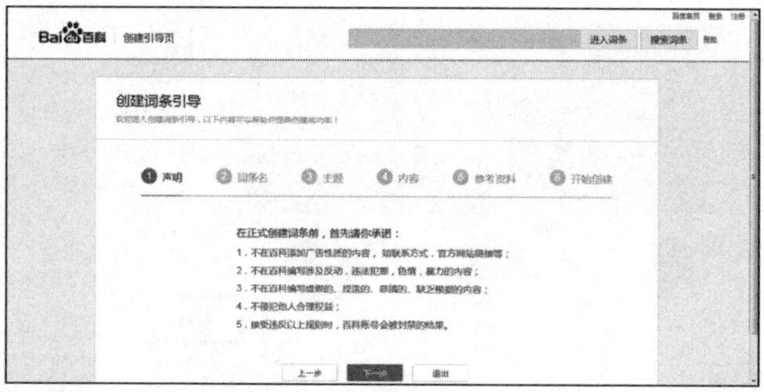


图 4-4　创建词条页面中的“声明”

了解了创建词条的所有规则后，单击“创建我的词条”按钮( 见图 4-5 )。这时你就可以编辑词条内容了。

图 4-5　单击“创建我的词条”按钮

3. 创建词条

在创建词条页面上，店主需要输入词条名。输入完毕后，单击“创建词条”按钮（见图 4-6）。

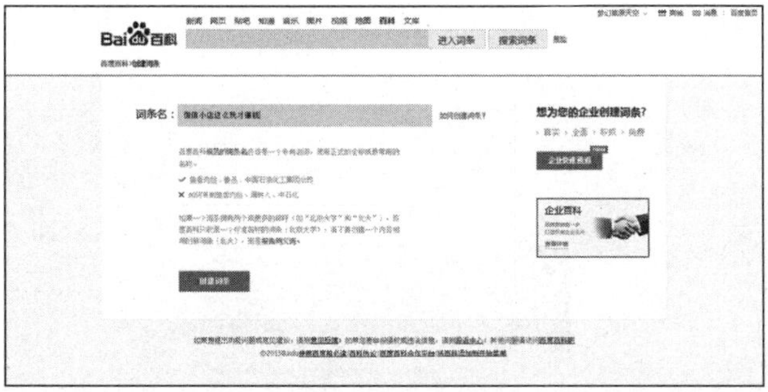


图 4-6 单击“创建词条”按钮

随后，页面上会弹出“编辑词条模板”界面（见图 4-7），在这个界面上，店主需要根据自己推广的商品来选择合适的模板。选定好模板后，页面右边会出现一个边框，这是系统给予店主的一个目录建议，如果店主觉得这个建议可行，就可以将其应用到正文中并单击 “确定”按钮。这时，你就可以在编辑百科页面中看到选定好的词条模板了。

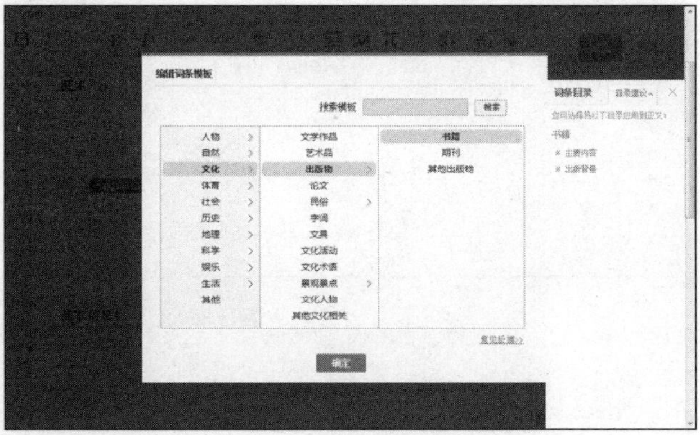


图 4-7 “编辑词条模板”界面

在编辑百科页面中，店主需要编辑词条的“概述”部分（见图 4-8）。在这里，店主需要上传相关图片，使你的词条看起来更可信、更直观。此外，店主还需要编辑“概述”的内容，也就是对图片的描述。需要注意的是，描述图片的字数不能超过 600 字。

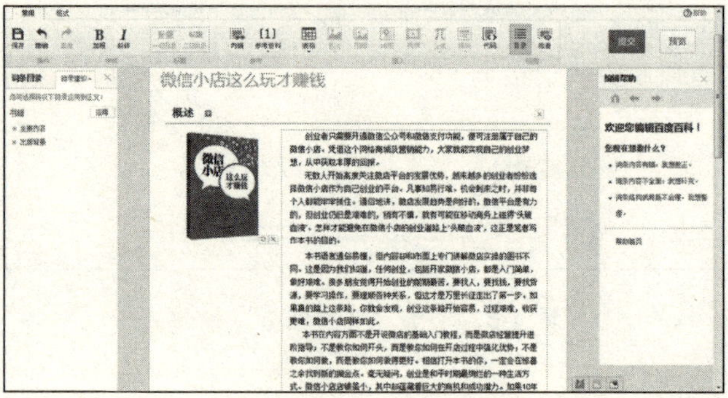


图 4-8　编辑“概述”部分

在基本信息栏中（见图 4-9），店主需要按照项目说明进行填写，若某项不适合当前词条可留空。

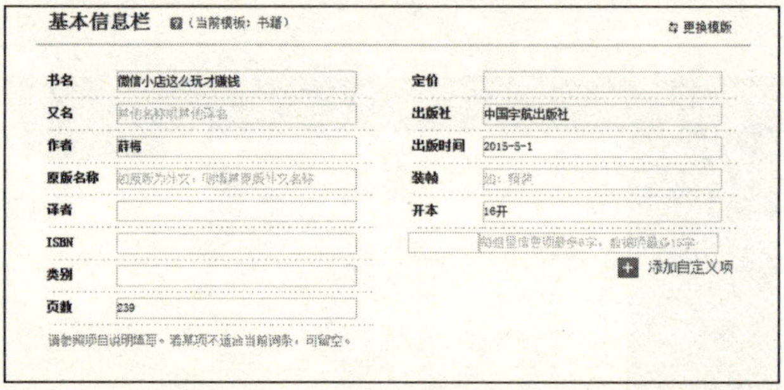


图 4-9　基本信息栏

接下来就要开始填写正文内容了（见图 4-10）。店主可以参照左边的词条建议进行操作。如果店主知道操作方式，就可以根据自己的需求直接填写。

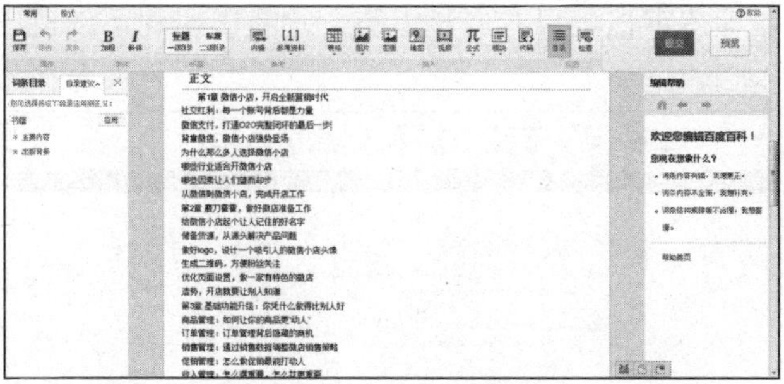

图 4-10　填写正文内容

最后，还要添加权威的参考资料（见图 4-11），添加参考资料是为了证明词条内容的真实性，这是成功创建词条的关键部分。

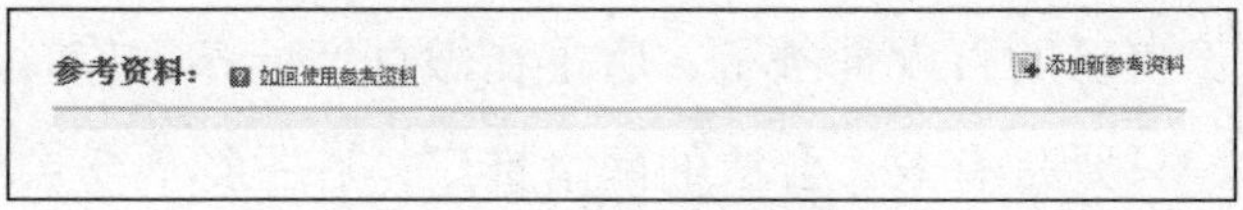


图 4-11　添加参考资料

添加完词条内容后，单击“提交”按钮（见图 4-12）。

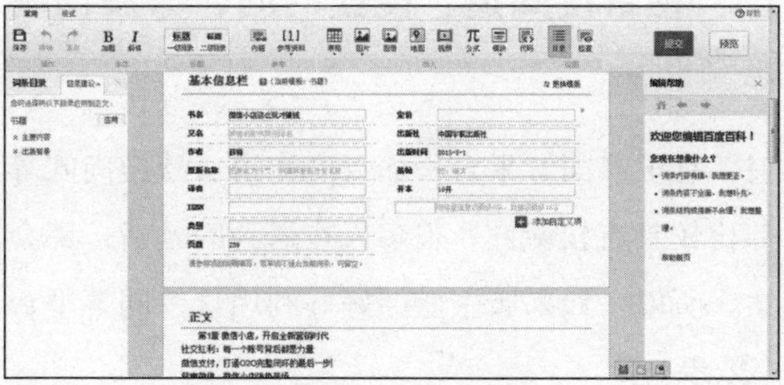

图 4-12　单击“提交”按钮

这时，页面上就会显示“您的版本已经成功提交！”，这说明店主已完成词条的创建工作（见图 4-13）。但是，这并不代表词条已经成功创建，还需要等待审核，只有通过审核，才能说明词条创建成功。

图 4-13　完成词条的创建工作

以上就是创建词条的基本操作步骤，店主只要掌握了这些步骤，就可以创建属于自己的百度词条了。店主在做百度词条推广时，不必局限于一种形式，只要是有效、合法的网络推广，店主都要学会合理运用。如果店主能灵活运用，定能为其网站或推广的关键词带来更多的比重和信任度，从而增加店铺的曝光率。

## 问答类推广：在百度知道、搜搜问问、天涯问答、新浪爱问等网站建立问答

在网络上，有很多问答平台，如百度知道、搜搜问问等，这些知识问答类网站都比较具有权威性，很多人在遇到问题后，都会来这查找相关问题的答案。所以，如果店主能够好好利用这些问答平台，也可以取得很好的推广效果。

为了做好问答平台的推广工作，微店店主就必须要了解哪些问答平台适合做推广，问答平台有以下四种类型（见图 4-14）。

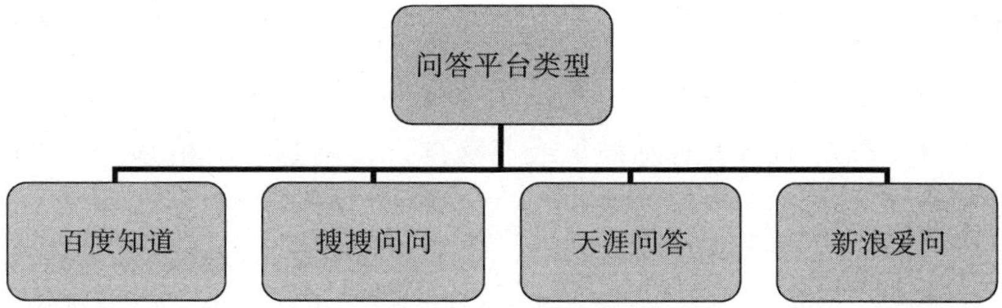


图 4-14 问答平台类型

1. 百度知道

百度知道是国内最大的知识网站，是百度研发的、基于搜索的互动式知识问答分享平台。在百度知道上有技巧地参与问答不仅可以增加店铺的访问量，还能增加店铺在搜索引擎中的曝光率。可以说，利用百度知道推广微店已成为移动互联网营销中最常用的方法之一。

要想在百度知道做自问自答的推广，首先，店主要在做推广之前了解自己售卖的商品和提供的服务，列出跟商品有关的问题，并准备好答案。其次，问题中必须包含主推关键词，关键词尽量使用网站上排名靠前或出现频率比较多的。最后，店主要从顾客的角度出发，用顾客的口吻来提问，提问的字数不宜超过 15 字。

在回答问题时，要尽量详尽且富有条理性，这样不仅能让顾客一目了然，还能提升用户体验，从而取得好的排名。需要注意的是，一定要在回答问题的内容中附上自己的网站链接或联系方式。

一般来说，账号级别越高，发链接和图片通过审核的机会就越大。所以，店主可以注册多个账号，或者多回答问题来提高账号的等级，从而提高审核通过率。

2. 搜搜问问

虽然搜搜问问有 QQ 庞大的用户群支持，但与百度知道相比，使用搜搜问问的用户相对比较少。与百度知道一样，搜搜问问也会对用户提出的问题进行审核，只不过没有百度知道规定的严格。因此，在回答相关问题时，只要不出现敏感词汇或非法词汇，内容足够精彩，一般都能通过审核。

3. 天涯问答

在天涯问答上进行推广是没有硬性规定的，可以随意发链接，推广很方便。需要注意的是，天涯平台的回答是评论的形式，一个帖子下面会出现很多与之不相关的答案，你的回答可能会被他人的回答压下去，导致其他用户看不到你的回答。

4. 新浪爱问

与天涯问答一样，店主在新浪爱问平台上做推广也可以直接发链接。与天涯问答不同的是，新浪爱问可以添加附件。店主可以将已经添加微店链接或微信二维码的文档上传到附件，还能在回答问题的同时推广自己的店铺。

总而言之，不管选择哪个问答网站为店铺做推广，店主都需要不断地研究、发现、学习、总结。只有这样，店主才能学习到更多微店推广知识，发现它们的规律，总结出一套适合自己的推广技巧。

## 垂直社区：在知乎、豆瓣、微博等社交平台中要有相应的内容存在

在移动互联网时代，各种新兴社交平台迅速崛起，网络推广中的新流量源与日俱增，很多人的目光都聚焦在新兴社交平台的推广上。他们认为老的垂直社区（如知乎、豆瓣等）已经过时，没有新兴社交平台的推广效果好。其实不然，老的垂直社区由于有多年的沉淀和积累，更具有权威性，而且还拥有很强的用户黏性和品牌效应。对店主来说，只要

方法得当，在老的垂直社区推广也可以取得事半功倍的效果。

老的垂直社区主要有以下两种（见图 4-15）。

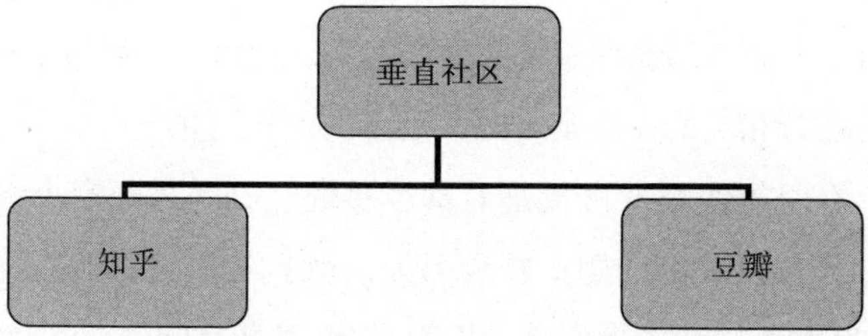


图 4-15　垂直社区

1. 知乎

知乎是一个非常有权威且专业的问答社区，不仅流量有保障，而且还能发送网站链接以及其他推广信息。在知乎平台上发链接比较简单，可以自问自答，也可以在别人热门的提问下留下答案和店铺链接。话题吸引的用户越多，你的店铺曝光率就越高，订单产生的概率就越大。

在知乎平台上发链接后，系统就会自动生成文本链接。虽然知乎的审核程序相对宽松，但发布的帖子同样会被筛选。所以，在知乎平台上做推广时，店主最好根据自己的内容发链接，如果随便发送一个链接，是无法帮助你引流的；相反，如果你发送的帖子内容比较专业，链接就比较容易存活下来，带来的流量也会更高。

2. 豆瓣

豆瓣网属于文艺网站，除了阅读、看电影、听音乐，还有豆瓣小组、小站等小社区。与其他网站相比，豆瓣网上的用户既不像人人网实名制那样拘谨，也不像新浪微博粉丝那么没有黏性，它是一个以兴趣爱好为基础的互联网社交平台。可以说，豆瓣网的环境是比较开放和自由的，而且用户黏性很高，是广大微店店主推广微店的网站。

豆瓣网拥有庞大的活跃用户群体，每天都会产生上万个话题，聚集了各种各样的用户群，每位用户在这里都能轻松找到自己喜欢的主题和一群志同道合的朋友。在豆瓣网上，活动群体主要以 80 后、90 后为主，遍及各个行业，而且已经拥有较强的购买力。所以，一切与艺术、健康、娱乐、衣食住行相关的商品都可以在豆瓣网上进行推广。

另外，在豆瓣小组发链接是非常容易的。其实，豆瓣小组就像是一个论坛，如果你发起的话题比较吸引人，就会有人气，就能为你带来一定的流量，其顾客转化率也很高。当然，你可以自己建立小组发帖做推广，也可以在别人的小组里发帖做推广，只要你发送的内容有价值，就会收到很好的推广效果。

总而言之，无论选择哪种平台获取流量，吸引更多的人购买你的商品，店主必须要了解这些平台是否有你所需要的潜在顾客群，只有选对了平台，才有可能达到推广的目的。当然，推广工作做得好不好，在于是否敢于尝试和善于总结，以及你的用心程度。

## 4.2 论坛、贴吧推广

对店主来说，论坛、贴吧绝对是推广微店的好渠道，因为它们是以兴趣为主题的互动平台。无论是大众话题还是小众话题，都能精准地聚集大批拥有相同爱好的用户，而且拥有超高的人气。所以，店主绝对不能错过论坛和贴吧。

### 论坛推广

推广微店时，除了社交平台外，论坛也是提高店铺知名度的一个渠道。因为论坛拥有庞大的用户群，门槛比较低，人人都可以在论坛发表言论，或者参与他人的话题讨论，更重要的是这里聚集了各种各样的人群，无论你推广的商品或服务是什么，总能找到适合的群体。

如果店主采用论坛推广，可以直接与顾客接触，沟通比较自由，宣传力度大，而且顾客可以第一时间得到第一手信息。所以，论坛绝对是一个不错的推广平台。在进行论坛推广时，店主需要掌握一些技巧，因为很多论坛都比较反感打广告，如果店主一上来就直接打广告，那么帖子很有可能会被删除。

NewZealanders的店主是一位生活在海外的全职妈妈，她在新西兰生活了近20年。和国内全职妈妈一样，她也需要挣钱养家。一次偶然的机会，让她接触到了微店。她意识到这是一个边带孩子边赚钱的好机会，于是就抱着试一试的想法，注册了一家名为“纯净新西兰”的微店。

由于微店的环境相对比较封闭，没有朋友的推荐及信任，很难与他人达成交易。有了这个认识后，她觉得货源是非常重要的问题。幸运的是，她的一个好友在新西兰开设了一家实体店，专门销售知名护肤品和保健品，给国内许多商家供货。因为可以直邮到国内，所以她觉得这个很适合在微店进行销售。

接下来，就是推广自己的微店。由于她微信里国内的朋友不多，她只好面向陌生人推广。她知道，自己售卖的护肤品安全，一定很受孕妇和妈妈们的欢迎，而且这个群体也会为自己和家人购买保健品，所以，她觉得应该去孕妇和妈妈们比较聚集的地方去推广。

经过一番思考，她选择了宝宝树，因为宝宝树的人气很旺，妈妈们在怀孕以及带孩子期间会遇到很多问题，所以，论坛上的用户活跃度很高。更重要的是，她怀孕的时候就经常使用宝宝树。当然，她一开始并没有直接发广告，而是努力与她们成为朋友。为此，她积极回复帖子。由于她在新西兰接受过专业的基础知识指导，加上她本身就是全职妈妈，有带孩子的经验，所以，她的回复得到了很多人的认同。

当然，她并非见到帖子就回复，而是选择一些比较有争议性的话题，这样就会有很多人参与讨论，能够增加被认识的机会。另外，她还会回复一些等级较高的网友的话题，因为等级较高的网友拥有比较高的知名度和较多的朋友。

通过论坛回帖的形式，有很多论坛网友加了她的微信，开店不到一个月，她的微信朋友圈里就有近百个联系人，而且基本上都是别人主动加她的。因为她回复的帖子给别人带来了价值，别人愿意与她做朋友，所以，她仅用了一个月的时间，微店的销售额就突破万元了。

论坛是广大网民最常去的网络平台，也是网络互动最主要的形式之一。对店主来说，论坛推广不仅免费，而且操作简单。店主要想玩转论坛，获得客源，就必须掌握各大论坛的特点，才能做好论坛营销。

## 贴吧推广

贴吧拥有超大的流量，所以很多营销高手都集中在这里进行商品推广。与论坛一样，只有在贴吧里发布高质量的帖子，才能获得更多人的回复，进而获得更多曝光的机会。

在进行贴吧推广时，店主一定要选择一个最契合推广的主题，并将商品信息软性植入到帖子的内容中。很多时候，自己的素材不错，但回帖的人很少，点击量与推广老手相差甚远，这是因为店主的“临门一脚”没有做好。也就是说，店主的帖子必须要有触动网友回帖的关键点，这样才能做好推广。

洋洋留学回国后开了一家微店，主要售卖面膜。为了吸引他人的关注，洋洋在贴吧里发起了一个标题为“敢露素颜的才是美女”的热门话题，自那以后，短短4个月，她的贴吧粉丝数量就从原来的2 000多暴涨到8万多。

当然，这已经不是洋洋第一次刻意在贴吧积累人气了。第一次，她在贴吧发起一篇名为《有了你，永远只做幸福女人》的帖子，此帖一出，立即吸引了大量粉丝的关注，点击量高达3万多。在帖子中，提到的“美拍”，其实是一个短视频社交网站，她每次都会将自己敷面膜的视频发布到贴吧中，这种比发图片还要真实的视频记录，激发了无数粉丝的购买欲望，使洋洋的粉丝数量一度达到了5万多。通过在贴吧发帖，她不仅积累了大量的粉丝，还发展了一些代理商。

当然，她主要是在微店里的“微店吧”发帖。微店吧是口袋购物微店的官方百度贴吧。这里聚集了很多微店店主，尤其是那些寻找货源的微店店主。

那时候，很多人对微店还比较陌生，有些微店店主根本不知道如何经营微店，而她已经将微店做得有声有色了。因此，她就将自己做微店的经验分享给大家，当帖子发出后，立刻就赢得了众多微店店主的好评。那些没有找到货源的微店店主也会主动与她取得联系，开始代理她的商品。通过在贴吧的巧妙推广，她的粉丝增长速度非常迅猛，而且代理她的商品的人数高达300多人。

贴吧推广需要靠别人的不断回帖来保持话题的热度，如果店主的“第一枪”打好了，之后就会保持良性发展。当你发起的贴子成为了热帖，三言两语的顶贴就会让你的“巧妙链接”长久不衰。

因此，在进行贴吧推广时，店主要多选择那些人气比较旺的贴吧，这样才能大大增加店铺的曝光率。

## 4.3 微博推广

微博拥有广泛的受众群体，很多有影响的自媒体都是从微博开始传播的，并受到了广大群众的关注。在微博上，信息的传递方式有很多，如单对多、多对多等，不管是哪一种传递方式，微博的传播速度都是非常惊人的。如果店主能够充分利用微博这个社交平台推广微店，那么定能吸引更多的人关注你的店铺。

### 内容

如果把微博比喻成包子，里面的内容自然就是包子馅了。包子能不能受到欢迎，关键在于包子馅。既然把微博当作营销工具，那么，店主就不能在微博里随意发送推广信息，而是要保证所发的每条信息都有用。

发微博时，店主发送的推广信息必须是与自己微博定位有关的行业、商品等，还要注重关联性，找到自己的营销信息和用户需求之间的交集，并围绕这个交集发布信息，这样才能借助微博营销来对用户进行精准定位。当然，店主还要力争每次更新都能让粉丝看到新鲜、有用的信息，这样才能达到"春风化雨，润物无声"的目的。所以，店主一定要重视微博的内容，只有这样才能留住粉丝，让粉丝为店铺创造更大的价值。

2012 年 4 月 19 日，叶某在微博上发布了第一条推广信息："大家好，我是重庆烧白哥，我的英文名是 CQSB 哥。敬请期待，一个来自哥的烧白传说。"自那以后，他便开始了创业生涯。

当一切准确妥当，他开始发传单，发单一周后，他怀着忐忑的心情为顾客精心准备了 30 份盒饭。令他没想到的是，他在第二天就接到了 80 多个订餐电话，准备好的饭盒被抢购一空。于是，他仅用了两个月的时间，便成功收回前期成本1.2万元。

伴随着网络订餐生意的日益火爆，叶某曾说道：“我们烧白盒饭的目标顾客是白领，他们喜欢上网，烧白基本在微博、微信上宣传，每天的菜单、配送范围、销售进度都在网上及时更新，接受微博、微信订餐，并分享一些有意思的故事。与他们产生共鸣也就有了人气，新顾客有80%左右都是通过微博、微信了解我们的。”

虽然，网络营销确实能够带来大量的粉丝关注，但想要留住这些粉丝却并非易事。对此，叶某深有体会，他感慨道：“如果只在微博上发菜单，谈吃的，不超过三天，一半粉丝就流失了。”所以，为了留住现有粉丝，他每天都会把大量的时间和精力投入到微博上。

在微博上，叶某不仅向粉丝分享自己的创业故事，还会发表一些用网络语言编制的烧白段子、人生感悟、人生经验和智慧。除此之外，如果那一周或当天有热点话题，如凤姐在凤凰网发表一篇名叫《有一只鸡在我面前，我绝对跑不过它》的文章（见图4-16），他就会分享给粉丝们。

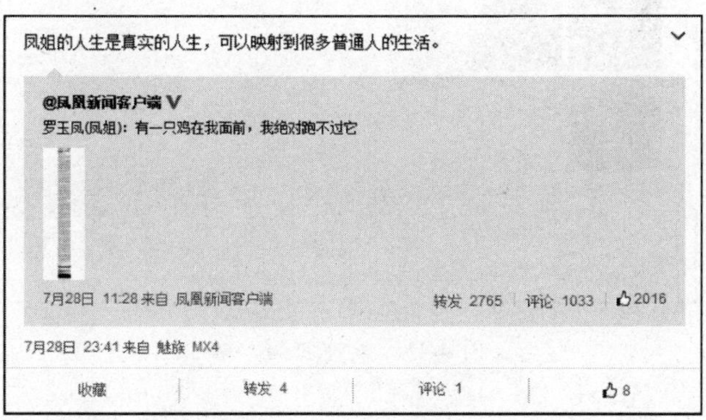


图4-16　发布社会热点

如果粉丝请求他帮忙转发（见图4-17），他会毫不犹豫地答应。另外，叶某还会帮忙牵红线，每天都会将粉丝的征婚广告发布到微博上（见图4-18），希望有情人终成眷属。

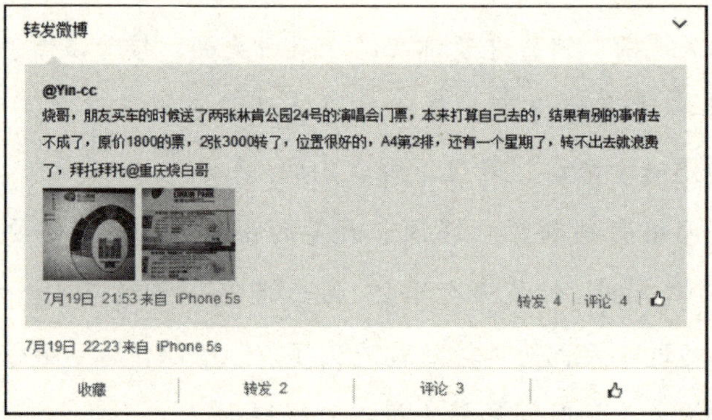


图4-17 帮粉丝转发信息

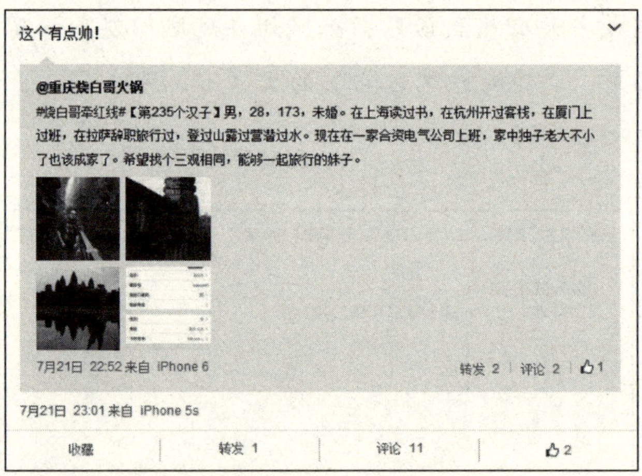


图4-18 发布征婚广告

可以说，叶某分享给粉丝的内容基本都是原创，而且内容非常丰富、精彩。所以，在他的粉丝里，有相当一部分既是烧白饭的忠实顾客，又是他的微博铁粉。其中一位名叫“小米木有米米”的粉丝曾说道：“烧白哥的微博很朴实很生活，除了吃烧白，看烧白哥刷微博也是一大乐趣。”有时，即便他分享给大家的是一个简单的生活感言，也会引来数十条粉丝评论。

不难看出，“重庆烧白哥”之所以会获得如此大的成功，这与他做好微博内容有很大的关系。“烧白哥”通过微博发布对顾客有价值的信息，并随时更新信息，让顾客感觉这些内容对他们很有帮助，就能有效消除顾客的抵触心理，使顾客愿意跟他做朋友，愿意购买他的商品。

既然内容如此重要，店主平时就要关注生活中的点点滴滴，养成随时记录的好习惯，将每天的所见、所闻、所想都记录下来，发布到微博上，这样就能与粉丝进行很好的互动交流了。

## 互动：关注业内相关微博账号，保持互动，提高品牌曝光率

移动互联网时代，人与人之间的沟通不再是古老、呆板的单向传播，而是双向互动，彼此都能感受到其中的乐趣。实际上，互动是人与人之间相互交流的一种基本方式。对店主来说，与业内微博账号的互动很重要，因为他们拥有超高的人气，活跃粉丝有很多，如果店主能够与之保持良好的互动，不仅能借助对方较高的人气提高品牌的曝光率，还能增加粉丝数量。

李某开了一家微店，主要售卖化妆品，他经常在微信和微博上做推广，时常也会开展促销活动，来增加粉丝数量、提高店铺人气。通过一段时间的努力，粉丝数量由原来的1 000多人增长至3 000多人，也算小有成就。

虽然拥有了一定数量的粉丝，但李某觉得还需要加大推广力度，一

方面是为了提高店铺曝光度，另一方面是为了增加粉丝数量，从而提高店铺的销售量。为了实现这一目标，李某一直在寻找可行的突破口。

不久后他发现微博里有很多明星、红人、还有知名企业家等，这些人的微博人气颇高，活跃粉丝数也很多，只要他们发布一条微博或一个视频，很多人都能接收到这个信息并为之点赞、评论，甚至转发，其传播力量非常强大。

经过一番思考，他决定要好好利用那些人气颇高的微博账号，想办法将他们的粉丝吸引到自己的平台上。所以，他常常关注业内相关微博账号，查看他们每日的动态，如果有比较热门的帖子，他都会为之点赞、评论，甚至会转发，并与他们保持互动。

渐渐地，他与一些人气颇高的微博账号建立了良好的关系，有时候，他们也会帮他转发推广信息。通过与他们的互动，提高了品牌曝光率，使更多人知道了他和他的微店。粉丝数量也开始暴涨。

不管选择哪种推广渠道，店主都要学会借力使力，借助别人的资源获得与顾客接触的机会。因为个人资源毕竟有限，越用越少，而社会资源是无穷的，越用越多。所以，店主必须要学会整合无限的社会资源，从而提高店铺曝光率，达到获取顾客资源的目的。

## 活动：策划活动并通过微博转发

在生活中，我们经常会看到这样的场面：在某家企业的宣传活动中，为了调动参与者的积极性，他们通常会在活动环节设置奖品，以此鼓励大家踊跃参与，越是新颖别致的活动，越是能调动人们参与的积极性。在大量粉丝的参与之下，会场的气氛会异常火爆，而活动的主办方就能顺利达到宣传商品的目的。

其实，微博一样能够达到相同的营销效果。在必要的时候，店主一样可以策划一场别出心裁的活动，并通过微博转发，调动广大网友的参与热情往往能够取得意想不到的效果。

在粉丝经济时代，WIS迎来了非常好的发展时机，但是想要积累粉丝，一定要有一个社交平台将粉丝聚合在一起才可以。所以，WIS就有了通过微博这个社交平台与粉丝连接在一起的想法，决定走粉丝经济。为了维护好粉丝，WIS会举行各种各样的活动，与粉丝进行互动，并在官方微博上用心回复粉丝的留言，从而拥有了超过300万名的粉丝。

谈及与粉丝的互动，WIS更是将互联网思维的核心关键词"免费"玩到了极致。2013年9月，WIS第一次举办"转发免费送"的活动，免费赠送的商品有一瓶香水、一本杂志和一片面膜。活动仅进行了两三个小时，免费赠送的商品就全部送完了，此次活动的微博转发量高达8万次，为WIS带来了5万多名粉丝。

于是，在2014年3月15日，WIS又进行了一次"好商品，让用户说话"的免费送活动，赠送给粉丝的商品是祛印净化凝胶，共10万件，这次活动不到12个小时，WIS发起的微博活动信息就被转发超过10万次。活动原计划持续半个月，但没想到，仅一天的时间，所有的商品就被粉丝抢光了。

不难看出，WIS之所以能取得这样大的成功，这跟它策划出主题新颖、赠品诱人的活动有直接的关系，使WIS能够在较短的时间内获得大量粉丝的关注和转发，从而提高店铺的销量。

实际上，微博活动不仅能让顾客从中得到一定的实惠，而且还可以使店主达到宣传商品或品牌形象的目的。当然，为了让活动充满吸引力，店主必须在活动的各个环节展现出十足的创意。比如，只要顾客能在特定的时间内转发相关内容，就能获得神秘礼品，这样就能使人们对此活动产生兴趣，并主动参与到活动当中。

## 4.4 微信推广

微信是一种聊天和交友工具，同时也是营销利器。简单易上手的特点下隐藏着不可估量的商机。如果店主能够利用好微信这个利器，采取得当的推广方法，就能获得广泛的关注。

### 内容定位

在移动互联网时代，各种社交类的应用软件层出不穷，如人人网、微博等，这些都是人们曾经非常喜爱的社交工具，但它们却没像微信这样拥有庞大的用户基数和如此高的用户黏性。微信蕴含的商业价值是不可估量的，谁掌握了微信营销的秘诀，谁就能获得更多的顾客。对顾客来说，只要你的内容能够满足他们的需求，你就能吸引他们，获得他们的认可，进而增加店铺的人气。

对于店主而言，内容很重要，但做好内容定位更重要。定位的目的是告诉别人你的独特价值所在，它是内容建设的第一步。只有进行了明确的定位后，才能让内容表现出独特的个性，从而引起目标顾客的关注，达到推广的目的。

2014 年 2 月 24 日，“哈爸”做微店不到一个月，当天的销售额就达到 33 152.5 元。第二天，由于顾客太多，不到下午两点，商品就出现缺货的情况，仅一个上午的销售额就近 15 000 元。“哈爸”是如何做到这样的销售成绩的呢？

实际上，“哈爸”获得这样的成绩并没有花钱做推广，只是在自己的微信公众账号“经典绘本”进行推广。截止到 2014 年 2 月 14 日，“哈爸”的微信公众账号已经有 3.3 万名粉丝。“哈爸”的微信公众账号之所以有这么多的粉丝，就是因为“哈爸”的内容做得好。

在“哈爸”看来，内容不一定是原创的，因为粉丝需要的是对他们有价值的东西。“哈爸”认为要想做好内容，首先必须有干货，其次内容要与店铺的定位相符。刚开始，“哈爸”做的内容是动画视频，但粉丝反馈，孩子看视频容易伤害眼睛。于是，“哈爸”把内容换成了图文绘本。后来，“哈爸”担心图文绘本侵权，又把内容换成了音频。

除此之外，“哈爸”还会分享文章，这些文章都是关于亲子教育和家庭婚姻的。“哈爸”之所以分享文章，主要有两个目的，一是想通过好文章获得他人的分享转发，增加粉丝的数量；二是通过亲子共读的形式，为他们建立一个良好的亲子关系和家庭关系。

另外，做内容还需要结合商品聚合推荐。为了吸引更多粉丝关注绘本，“哈爸”也会推荐某个绘本，对这个绘本做一个比较详细的介绍，让粉丝对该绘本有一个大致的了解。

从“哈爸”的成功案例中不难看出，“哈爸”之所以能够成功获得大量目标顾客，跟他的内容定位有直接的联系。他将微信公众账号的内容定位为亲子教育和家庭婚姻，并结合商品做内容，这一特性吸引了粉丝的关注。

在这个内容为王的时代，无论是网站还是微信公众账号，没有内容，就像是一个人没有了灵魂一样。对店主来说，要想做好微信营销，就必须要做好内容，而做好内容的前提是做好内容的定位，只有内容有价值且定位清晰，才能轻松吸引目标顾客。当你获得他们的认可后，自然就会获得不错的收益。

### 种子用户积累

一提起“种子用户”，很多人会自然而然地想到小米。小米之所以能在很短的时间内快速积累大量粉丝，很大一部分原因在于最初选出的

100位发烧友，而这100位发烧友便是小米的种子用户。小米通过召集100位发烧友用户，保持早期种子用户的纯粹性，利用这100位种子用户的口碑传播，为自己积累了大量的粉丝，这就是小米成功营销的秘诀。实际上，小米的粉丝营销模式也同样适用于微店营销。

“哈爸”通过开一家绘本微店而一跃成名。如今的“哈爸”更加成功，因为他已成功创办了“大V店”（见图4-19）。起初，“哈爸”通过免费开放大V店（见图4-20和图4-21），在一定的时间内，哈友们只要收到邀请码就可入驻大V店，这就是“哈爸”的第一批种子用户。入驻的哈友们不仅可以轻松开店，而且购买商品还有一定的优惠，而这些省下来的一部分钱就是自己的佣金，既能赚钱又能省钱，一举两得！入驻大V店的哈友们的用户体验自然不言而喻，对微店提供的服务非常满意，便将这一美好体验传播出去。越来越多的人知道大V店后，“哈爸”开始设置入驻大V店的门槛，用户需要支付一定的费用才能入驻。即便是收费，大量的哈友们还是愿意掏钱买单，这就是“哈爸”的成功秘诀。

图4-19 哈爸的大V店

图4-20 免费开放大V店1

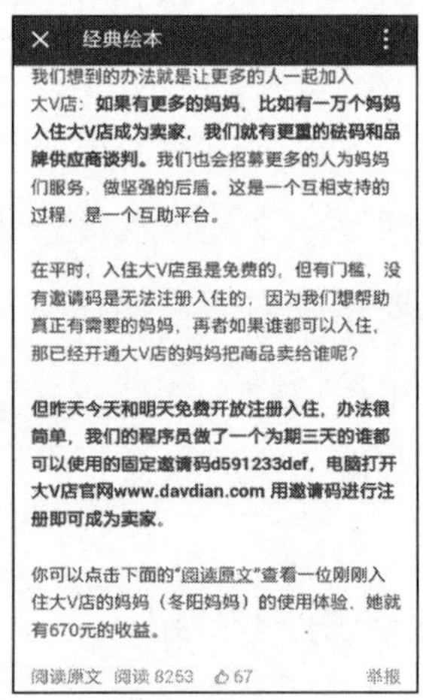


图4-21 免费开放大V店2

当“哈爸”《日进三万三》的著作出版后，越来越多的人知道了微店的存在，激发了很多人的创业积极性。对于身处移动互联网时代的我们来说，自主创业已经不是梦想。但成功从来都不是一朝一夕的事，实体店尚且有机会向登门的顾客销售商品，而依托手机开微店的店主们又该如何发展呢？其实，“小米”和“哈爸”的成功给了我们很好的启示：通过发展第一批种子用户，快速积累大量的潜在顾客。

那么，拥有多少种子用户才算合理呢？

店主可以以500名粉丝作为目标，通过微信来发展粉丝。因为微信拥有上亿人的用户基数，这是不可忽视的巨大力量。只要你有手机，你就可以拥有微信，在微信上聊天，在朋友圈晒图。而且，在培养粉丝初期，店主可以通过自己的亲朋好友、同事、合作伙伴帮忙推广。

总而言之，不管店主通过何种方式引流，只要能够获得第一批种子用户，就要用心去培养，因为他们将是决定你开店成功与否的关键因素，你的微店红不红火就看你的种子用户强不强，看你有没有真的用心去培养种子用户，因为忠实的种子用户能够发挥强大的作用，为你带来源源不断的潜在顾客。

## 小号积累：开通微信小号，每天导入目标顾客群

对于微店店主来说，微信不仅仅是聊天工具，还是推广商品的营销渠道。与微博不同的是，微信具有一定的隐私性，微信更多的是一对一的交流模式。

从微信的特性来看，积累粉丝需要掌握一定的技巧。只要店主采用一定的营销方法，坚持每天导入目标顾客，增长粉丝就是水到渠成的事。

高某的同学开了一家经营化妆品的微店。为了给同学捧场，她购买了

一整套护肤品。使用一段时间后，高某惊喜地发现自己的皮肤有了明显的改善，皮肤变白了，毛孔缩小了。自然，同事们也看到了她皮肤的变化，纷纷向她询问使用的化妆品的牌子，询问的人多了，她便有了开微店的想法。

她从同学那里进货，开了一家属于自己的微店。当亲朋好友都知道她开微店后，都过来捧场。起初生意还不错，但一个月后，她的微店生意开始冷清。这时，她开始着急，便向同学求助。当同学得知她的微信好友还不到 200 人时，便告诉她，仅靠亲朋好友是不行的，任何人都可以成为你的顾客，要壮大自己的朋友圈。

自那以后，她每天都会主动添加附近的人为好友。如果对方是小区周围的常住户，高某就会在备注上加个标志，以便区分哪些是目标顾客。当然，有时候也会有很多人主动加她为好友。就这样，她坚持了半年，好友数量从不到 200 人增至上千人，生意也越来越好。

实际上，想要通过微信做第一批粉丝的原始积累并不容易，过程是非常辛苦的。但只要坚持每天都导入一些目标顾客，日积月累，粉丝数量就会越来越多，这也是你付出努力而得到的劳动成果。如果你不能积累足够多的粉丝，那么即使你的商品再好，也不能销售出去。所以，店主一定要重视粉丝的积累。

## 小号导大号：向微信小号积累的粉丝推荐微信公众账号，将粉丝导入微信公众账号

由于微信拥有庞大的用户群，因此很多店主都将目光投向了微信平台。对于微店新手来说，由于粉丝数量不多，店铺没有多少生意，需要积累目标顾客。所以，店主就要通过各种营销手段，来增加粉丝。

由于微信好友达到一定数量后，店主就不能再继续添加好友了，所以很多店主都开通了小号来添加粉丝。对店主来说，积累粉丝很容易，

但想要留住这些粉丝却不容易，因为粉丝是需要培养的。其实，店主可以开通微信公众账号来解决这个问题，将小号上积累的粉丝导入微信公众账号中，这样不仅可以更好地管理粉丝，而且还能不断壮大粉丝队伍，在一定程度上就增加了店铺的收入。

李某大学毕业后，进入一家房地产中介公司工作。虽然李某对工作热情，也比较勤奋好学，但由于房地产整体环境不佳，连续四个月，李某连一单都没有开过。正当李某迷茫的时候，她听朋友说开微店将是未来发展的大趋势。于是，她在深思熟虑之后辞去了工作，做起了微商。

很快，李某便开了一家微店，但她发现微店的推广比较难，因为没有流量入口。如果不做推广，即使商品再好，也没有人知道。刚开始，李某通过微信来推广自己的微店。由于朋友圈里的好友人数不多，因此每天只有100多元的收入，这让李某意识到自己好友数量太少。所以，她每天都会主动添加80~100位新顾客。

为了维护好与顾客的关系，李某在朋友圈里不仅发布商品广告，也会写些心得体会，发布一些对顾客有益的资讯。通过不断调整朋友圈发布信息的策略，以及与顾客沟通的方式，微店的生意越来越好，已逐渐达到每天上千元的收入。

由于微信对好友数量进行了限制，这使得李某的好友数量不能无限增多，导致微店的销售不能进一步突破。为了改善这一局面，李某针对目标顾客为女性的特点开通了名为“健康时尚女性”的公众账号。为了将小号上积累的粉丝导入微信公众账号，李某开展了“关注有礼”活动。而且，李某每天都会发布一些有针对性的文章，并分享到朋友圈。如果顾客在看完文章后认为不错，其就会转发分享，这就又为李某带来了大量的潜在顾客。

随着微信公众账号的推广，粉丝数量每天都在增长，这让李某在短短三个月的时间里，营业额就从每个月几万元猛增到 50 万元。

如果店主通过前期的推广已经拥有了大量粉丝，但还想继续壮大粉丝队伍，就可以开通多个微信小号，以小号带大号的形式，将两者有效地结合起来，定能达到增加粉丝数量的目的。

## 微信互推：当粉丝量达到一定预期后，可以加入一些微信互推群

经过店主的一番努力后，逐渐积累了一批粉丝，但这样的粉丝增长速度比较缓慢，如何更快增加粉丝，便成为了众多店主最为关注的问题。其实，店主可以加入一些微信互推群，与实力相当的店主达成协议，完成互推，从而达到更好更快增加粉丝的目的，而且与微博互推相比，微信的互推效果更显著。

珊珊曾经是北京某公司的一名高管，孩子的意外到来使她不得不放弃事业，做全职太太。孩子出生后，家里的开支越来越大，她便想做点什么，缓解家里的困难。经过一番思考，她决定开一家主要售卖童装的微店。每天，她都会在朋友圈、QQ 空间内发送商品信息，还会在口袋微店中晒图。

开始，购买店里衣服的都是她的朋友、同事。后来，随着微店的曝光，也会有陌生人通过微店购买她的衣服，生意还算不错。但她并没有满足，为了让更多的人知道她的微店，她会在节假日开展一些促销活动，如集满 38 个赞就可以获得一件童装等。通过这样的活动，关注她微信号的人越来越多。

当她的好友达到一定数量后，她遇到了经营微店的第一个瓶颈。她很想继续提高微店的影响力，让更多的人知道，但一个人的力量毕竟有限。正当她愁眉不展时，来自朋友圈的一位朋友发来一个邀请信息，希望她

们可以合作，进行互推。

珊珊心想，对方售卖的是面膜，生意也不错，关注她的人应该有很多，如果彼此能够达成协议，互相为对方做推广，这样双方都能实现互利共赢。所以，她答应了对方的邀请，进行互推。通过这次互推活动，珊珊收获不少，不仅店铺的粉丝数量有所增加，而且还成交了许多订单。

第一次互推让珊珊尝到了甜头，也找到了走出瓶颈期的方法。于是，珊珊开始主动添加一些开微店的朋友，并邀请他们一起做互推活动。除此之外，她还会主动加入一些微信互推群。通过微信互推，仅半年的时间，她的粉丝数量就高达 13 万人。

不难看出，微信互推是粉丝增长速度最快的办法之一。需要注意的是，只有粉丝达到一定数量的时候，别人才愿意与你互推，这样的互推才有效果。如果你的粉丝太少，就没有互推的意义，而且推广效果也不大。所以，店主在进行互推时，一定要事先做好积累粉丝的工作。

## 4.5 PR 传播

虽然微店的推广渠道有很多种，但 PR 传播的威力是不容忽视的。在微店发展过程中，每个阶段选择的渠道都不同，其推广效果也不同。当微店发展到一定程度后，店主可以尝试使用 PR 传播，相信能获得意想不到的效果。

### 一日三发，保持稳定的曝光率

为了吸引目标顾客，很多店主都疯狂“刷屏”，每天不停地在微信、微博、QQ 等渠道发送商品广告，一天能发几十条、上百条硬广告，这种过度推广行为很容易引起他人的反感。连你的朋友圈朋友看见满屏都是你发布的广告，都会产生屏蔽你的念头，更别提你的粉丝了。

如果别人将你屏蔽了，即使你的商品再好，别人也看不到，这样你的推广就失去了意义。所以，为了避免这种情况的发生，店主在发布推广信息时，一定要讲究频率和技巧。如果店主能够掌握一日三发的刷屏技巧，保持稳定的曝光率，就有可能获得意想不到的收获。

王某在一家医院上班，随着第二个孩子的出生，压力随之而来。于是，她总想做点其他事情来补贴家用。她曾经摆地摊卖过童装，但购买的人并不多。后来，她发现朋友圈里有很多朋友都在卖东西，她开始琢磨，自己的朋友圈大都是妈妈帮，她们肯定会对化妆品感兴趣，而自己本身就是护士，有一定的美容知识。经过观察与研究，她决定售卖化妆品。

考虑到朋友圈绝大多数都是自己的亲朋好友，为了不引起他们的反感，王某每天都会定时、定量地发送商品信息。同时，王某还会亲自试用商品，并将自己或家人使用商品后的图片发布到朋友圈，用真实的商品体验来告诉朋友商品的功效。

无论多忙多累，王某坚持每天向朋友圈发送信息，不管是自己的生活经历还是商品信息，一直坚持一日三发，以保持稳定的曝光率。虽然看到信息的人没有立即购买她的商品，但一直都在默默地关注她。坚持半个月后，王某终于迎来了几个订单。对于这些顾客，王某会主动询问她们使用商品后的效果，并将顾客的反馈信息发布到朋友圈。这样，关注她的人越来越多，购买商品的顾客也就多了起来。

不管你选择哪种渠道进行推广，店主必须要掌握信息发布的节奏和技巧，掌握好发布信息的时间段，最好是每天都能在固定的时间内通过各种自媒体平台发送相关商品信息。这样才能有效避免因广告信息太多而引起他人的反感，而且还能抓住顾客闲暇的时间，刺激顾客进行消费。

## 维护好已有的顾客资源，积极扩展新顾客资源

在微店经营的过程中，每一时期内都是既有老顾客，又有新粉丝来光顾。对于店主来说，维护好与老顾客的良好关系，培养老顾客对店铺的信任和忠诚度，才能最大程度地保证店铺的稳定收入，从而让老顾客为店铺创造更多的价值。但是，微店要想获得长远发展，需要在维护好已有的顾客资源基础上，积极扩展新资源。

有一个微信公众号叫“浙师大订奶”，它是由四名大学生共同经营的。当然，他们不是为了做这个公众账号而做公众账号，而是为了卖新鲜的牛奶和酸奶。

2013年9月，他们经过市场调查发现，大学生们都有睡前喝牛奶的习惯。于是，他们决定卖牛奶，并与当地企业佳乐进行合作。货源解决后，他们决定在微信上售卖，便申请了一个微信公众账号，取名为“浙师大订奶”。

为了让更多的人知道他们的微店，他们制定出一套“3D立体”宣传方案，便立即展开行动，“扫楼”“贴传单”“发单页”……虽然他们在做这些事情时，每个人都非常辛苦，但却没有产生预期的效果。后来，他们又想出了一个比较可行的办法，就是在浙江师范大学最繁华的地方摆摊，提供试吃活动。同学们得知有试吃活动后都踊跃参加，很多人在试吃后会当场下单。

没过多久，“浙师大订奶”渐渐有了一些名气，订单也越来越多。不到一个月的时间，订单就达到200多份，销售额达两万元。随着生意越来越红火，他们还计划推出各种与牛奶相关的商品，如精致的牛奶杯、牛奶勺等，但这只是计划，因为他们知道目前最重要的是维护好现有的顾客。

他们把顾客当作朋友，经常会和顾客聊天。他们觉得老顾客就是活

广告，要服务好老顾客，才能通过口碑传播的方式，让更多的人了解他们。当然，他们除了维护好现有的顾客以外，还准备开拓新客源。

为了服务老师这一顾客群体，他们制定了相应的营销策略，如有些老师订奶是为了送给同在浙江师范大学上班的伴侣，那么他们就会在这种牛奶里附带一张小卡片，卡片上写满了温馨浪漫的话语，而拿到牛奶的人在看到卡片上的内容后都会非常开心，即使这张卡片要另付费，他们也会心甘情愿地为此买单。另外，他们为了提高用户体验，还开发了套餐服务，如周一至周五期间，他们不仅会为老师提供牛奶，还会提供搭售各种不同的小点心之类的特殊服务。

不难看出，“浙师大订奶”的前期推广工作做得相当到位，通过精准的目标顾客人群，采取相应的营销手段，从而获得了第一批粉丝。当他们积累一定数量的粉丝后，保证为老顾客提供优质的服务的同时，也没有放弃发展新顾客，最终获得了巨大的成功。如果你也能做到这些，想必你的微店也会有一个光明的未来。

## 选择的渠道决定了传播的效果

在微店经营的过程中，向顾客发送推广信息是店主必须要做的一项工作。在生活中，社交平台有很多，如微信、微博、QQ 等，它们都有各自的特点，店主选择不同的渠道，其传播效果是不一样的。所以，店主在推广自己的店铺或商品时，一定要根据实际情况选择合适的推广渠道，这样才能让店铺走得更远。

一次偶然的机会，陆某在微信朋友圈中看到一个朋友分享微店店铺，也好奇地注册了一个账号，随便添加了一些图片上传到微店，那时只是尝试，还没有真正去运营。后来，由于工作不稳定，公司面临倒闭的危机，陆某担心失去工作，房贷、孩子的开支就没有办法接上。所以，陆某便开始尝试找几样商品来推广，试试运气。

因为想做一个良心微商，每样东西都要自己试吃过，觉得味道不错，才会考虑进货，以保证顾客愿意购买。开始，她在朋友圈中会分享自己试吃后的感受，在取得了大家的信任后，她的生意就有了一个不错的开端。

由于陆某售卖的商品价格比较低，味道又好，渐渐积累了500多名粉丝。后来，为了加快资金回笼，扩大出货量，陆某向顾客咨询是否愿意做代理商。刚开始，只有两个人愿意做代理商，而且拿货数量还不多，她只好自己慢慢扩大代理团队。

后来，陆某看到微店小喇叭消息，要建立微电商学员社区网站，邀请广大微店店主投稿分享经验，她觉得这是一个推广自己的好机会，便非常用心撰写了自己的推广经验。后来，功夫不负有心人，陆某的文章被选中了。

分享稿上传微店社区后，有很多微店店主热情回复，还有很多微店店主加微信并收藏店铺，和陆某交流经验，甚至有些微店店主对她的商品比较感兴趣，开始做商品代理。自从文章分享到微店社区后，她的粉丝数量增长得非常快，已发展到3万名粉丝，80多名代理。为了更好地管理代理商，陆某组建了一个微信群，成立了属于自己的小团队。

实际上，在微店经营的过程中，由于微店的发展阶段不同，其渠道选择也不同。由于微店发展初期，店主经验不足，粉丝数量也不多，店主获取的第一批粉丝大多数都是来自朋友圈里的熟人。当店铺发展到一定阶段后，想要获取更多的粉丝资源，店主就要利用有知名度的网站做推广。一旦推广发挥作用，粉丝的增长速度是不可估量的。所以，店主一定要根据微店的发展情况选择适合自己的渠道，以达到推广的目的。

## 4.6 特殊推广方式

移动互联网时代，各种社交媒体已成为人们获取信息的主要渠道，而且信息传播速度非常快。如果店主能够利用好这些社交平台，采取适当的推广方式（如事件营销等），就能获得更多人的关注。这样不仅能提高店铺的曝光率，还能提升店铺的知名度，使店铺的销售量呈爆发式的增长。

### 事件营销

在移动互联网时代，想要短时间内快速提高商品的知名度，并树立一个良好的品牌形象，店主就必须做好事件营销。店主在选择营销方式时，必须要知道哪些营销方式能够带来直接的营销效果，哪些营销方式不能带来立竿见影的效果。对于店主来说，事件营销就是一个非常不错的推广方式，它能够很直接地打响店铺的知名度。

简单地说，事件营销就是通过把握新闻的规律，制造具有新闻价值的事件，并通过具体的操作，让这个新闻事件能够得到广泛传播，从而达到推广的目的。如果店主能够利用好事件营销，就能取得良好的推广效果。

粟某用了三个月的时间，通过朋友圈卖掉了 10 万斤大米，总价值接近 200 万元，拥有 300 名长期顾客和两万名潜在高端顾客。

在商学院的微信朋友圈里，粟某不遗余力推销大米并没有遭到大家的反感，反而让大家记住了这个自信、开朗、乐善好施的“大米哥”。这时，粟某的好友刚好 3 000 人，其中购买其大米的绝大多数人根本没有见过他，只知道他是商学院里卖米最有名的人。

随着微信好友的快速增加，粟某越来越觉得互动的重要性，尤其是第八届戈壁挑战赛，栗某不仅赞助了大米，还买了电饭煲，这件事一度成为美谈。通过此事，敏锐的栗某发现，谁能吸引眼球，引发话题，谁就能受益。

12 月 1 日举办的上海国际马拉松比赛让栗某拥有了灵感，为了强化个人形象，他决定亲自上阵。于是，在马拉松赛场上，便出现了一个背着米袋子奔跑的“愤怒的小鸟”，这只浑身贴满二维码的小鸟就是栗某，他一出现便吸引了大量媒体的关注，就连上海马拉松最美丽选手廖某也主动过来与他合影。

第二天，这个“愤怒老板”登上了各大新闻头条，商学院的同学都看到了，这使得栗某不仅成为了一个话题人物，还成为了新闻热点人物。通过此次的事件营销，栗某成功地树立了自己的品牌形象，让更多的人知道了他，也知道了他的大米。

事件营销的魔力想必大家早已深有体会，它的核心就是找到一个具有争议性的话题，吸引人们的眼球，然后通过“推波助澜”，演变成为全民行动。

可以说，事件营销是很多店主惯用的一种营销手段，而且成功营销的案例有很多，很多店主都比较善用微博等新媒体的力量进行传播。如果店主能灵活运用事件营销，将事件与商品有效联系起来，借用合适的传播渠道，定能为店铺带来很多潜在顾客。

## 口碑营销

口碑营销又称病毒式营销，它的特点就是以小博大，通过提供有价值的商品或服务，“让大家告诉大家”，即让别人为你宣传，发挥“营销杠杆”的作用。一般来说，传播威力越强，我们对他人就越信任，对方向我们表达的情感倾向就会左右我们的选择，这就是口碑营销所产生的巨大威力。在这个信息爆炸、媒体泛滥的移动互联网时代，人们早已对广告、新闻等信息传递方式产生了非常强的免疫力，在这种情况下，制造新颖的口碑传播内容才能引起人们的广泛关注与议论。

口碑营销是最好的营销方式，它是提升品牌传播力的有力法宝，很多知名企业正是由于非常重视口碑营销的力量才获得了巨大成功，如小米。当然，微店也同样可以充分利用口碑营销进行品牌传播。如果店主能做好自己的口碑，那么大量粉丝就会迅速认可你的微店，在为你带来可观的收入的同时，还能帮助你做宣传，为你带来源源不断的顾客。

"满爸"曾经在大企业上班，每天都过着朝九晚五的生活，拿着稳定的工资，做着稳定的工作。后来，不甘于平庸的他毅然放弃了这份稳定的工作，做起了微商。

2014年9月23日，"满爸"决定开一家微店，主要售卖枣和桃，由于没有研究朋友圈的需求，"满爸"再次失败。经过两次的失败，"满爸"开始分析其中的原因以及朋友圈的特点。最后，他决定卖苹果和丑梨，并为自己的水果注册了商标：凤果香。

"满爸"非常重视口碑传播，他认为，通过口碑传播，才能转化更多的新顾客和忠实顾客。2014年11月28日，"满爸"在微店商学院首站杭州站做过分享后，他的QQ群从原来的100多人增长至450多人。凤果香之所以增长如此快，是因为"满爸"非常重视口碑传播。所以，短短一个月的时间，"满爸"的微店销售额上涨到了之前两个月的三倍多。那么，"满爸"具体是怎么去做的呢？

为了赢得朋友的信任，"满爸"亲自试吃商品，然后将自己对商品的体验和感受分享至朋友圈。有了第一批订单后，"满爸"开始思考如何才能产生更多的订单。"满爸"觉得仅仅分享自己的感受还不够，还需要多晒别人吃水果后的体验、感受、反馈，才能吸引其他消费者前来购买。

在朋友圈里，“满爸”利用一些专业知识来解释自己商品的优点，不仅向顾客展示了商品的各个细节，如产地、生产、包装等，引导顾客参与讨论并提出建议，还展示了商品生产环节的真实照片，让大家知道自己买的水果是在哪里采摘的，给人一种非常真实的感觉，从而吸引朋友的关注，增加顾客对他以及商品的信任。

除此之外，“满爸”还比较善于利用节日来推广商品。12 月 24 日是平安夜，“满爸”结合圣诞节的特点，将自己的苹果包装成平安果，结果不仅苹果全部卖光，还有许多顾客为没有买到而懊悔。

不难看出，“满爸”的成功就是得益于他的口碑营销。对于微店店主来说，口碑营销对店铺和商品的宣传与推广起着非常重要的作用，甚至能够影响店铺的长远发展。

总而言之，只要店主能够给顾客提供优质的商品与服务，努力将顾客服务好，他们自然会帮助你做宣传。

# 第5章 人人点赞：引人入胜的绝妙文案

在微店的运营过程中，好的文案是营销成功的基础，它包含符合顾客利益及需求的卖点。不管是商品的用途，还是使用后带来的效益，只要它具有说服力，就能促使顾客购买你的商品。要想写出人人点赞、引人入胜的绝妙文案，店主就必须多下功夫，在最大程度上引起顾客的情感共鸣，激发他们的购买欲望。

## 5.1 写出优质文案的五个步骤

开微店容易，但做好微店却很难，一件好的商品不仅要有精美的商品图片展示，还要有与之相对应的商品文案。一个优质的文案，不仅能准确地向顾客传达商品信息，还能促使顾客购买商品。其实，想要写出一篇让人怦然心动的文案，只需要五个步骤。只要店主能够按照这些步骤认真去做，基本上就能写出引人入胜的绝妙文案。

### 成为商品或服务专家

当商品的卖点与顾客的需求点相一致时，顾客就会毫不犹豫地选择购买这件商品。所以，在写文案前，店主必须要成为商品或服务专家，只有对自己售卖的商品非常熟悉后，才能根据不同商品的特点写出相应的文案，这样写出的文案才具有专业性，才能让顾客从文字中感受到你的专业和态度。从某种程度上来说，专业的人总会让顾客更信赖。

除此之外，店主还必须对店铺提供的各项服务了如指掌，如七天退换货服务，店主需要知道哪些商品可以开通此服务，以及顾客退换货需要哪些条件等。店主可以将这些服务写入文案中，不仅能让顾客了解你的店铺都有哪些服务，还能知道这些服务具体是怎么样的，避免产生纠纷。

总而言之，店主了解店铺的商品或服务是开微店的基本要求，而成为商品或服务的专家则是写好文案的必要条件，一个好的文案不仅能吸引顾客，还可以与顾客产生情感共鸣。

### 了解目标顾客

想要写好文案，必须要了解目标顾客的需求，因为他们才是商品的消费者。想要说服顾客购买，就得给顾客一个购买的理由，是因为你提供的商品质量好而购买，还是你提供的服务好而购买，这就需要店主花时间去了解。

店主需要清楚地知道哪些是目标顾客群体。是女性顾客还是男性顾客；收入水平是低收入还是高收入；是喜欢高性价比的商品，还是喜欢高品质的商品。了解目标顾客的特点，才能写出好文案。

如果目标顾客是女性，在写文案时就可以加入时尚等关键词，如果文字间还能透出一种情感表达，就更好了；如果目标顾客是男性，就可以在文案中将商品的用途、功能、成分等信息准确地描述出来，因为他们在购买商品时比较理智，不会冲动购买。

不难看出，目标顾客群不同，其购买心理也不同，文案的编辑自然也就不同。所以，想要写出好的文案，店主必须要了解目标顾客群，才能根据真实情况编辑文案。

## 写下标题与副标题

在生活中，回顾那些长久存留在顾客心中的广告，有很大一部分都拥有精彩的标题。有人曾说：“50%~70% 的广告效果来自标题的力量。”

在一篇文案中，首先最重要的是标题，其次是副标题，标题写得好，文案就成功了一大半，可见文案的标题很重要。由于广告的目的不同，其文案的标题也是不一样的，可以说，广告的目的决定了文案标题的使命。一般来说，一个好的文案，其标题使命具有以下三点。

1. 吸引顾客的注意力

想要留住顾客，文案标题必须要让顾客认为文案是为他而写的，并且标题与配图要相协调。一般来说，吸引顾客注意力的是标题的趣味性，而趣味也会因人而异。

如果对象是商品的使用者或潜在的顾客，那么店主可以以商品特性来决定标题；如果对象是普通大众，标题就要突出商品给他们带来的好处来吸引他们光顾。

2. 明确性和特定性

一般来说，顾客阅读广告时，能够区分出哪些是自己要看的、要读的。所以，文案的标题必须要让顾客认为“这是讲给我听”的特性，即明确性和特定性。

3. 使顾客对内容产生浓厚的兴趣

在文案标题中，如果提示主题概念，这似乎与促使顾客阅读文案内容的目的相矛盾，其实，这只是文案中的一个技巧而已。想要让标题发挥促使顾客阅读内容的作用，必须要让顾客觉得“这可能是为我写的东西吧”，而且要以顾客从商品中可以得到利益为出发点，以此来提示主题概念。

需要注意的是，店主不能把广告主题完全说尽，因为在标题中，如果店主把广告主题说尽，顾客看了这样的标题，就会了然于胸，进而对文案的内容不再感兴趣，而选择略过不看。

实际上，一个好的文案标题除了要具备这三个使命外，还要具有热点词汇、权威人物及体验式感受三个要素。因此，在写好标题的同时，也要重视文案的副标题。可以说，副标题是文案的重要组成部分，它关系到一篇文案的精神、格调，它能够起到增强文案的表达效果的作用。

一个好的文案，标题与副标题要明确，副标题只是标题的配角。当然，如果标题提出一个问题，那么副标题就要回答并解决标题提出的问题，这样顾客就能通过副标题知道全篇的精神与主题，对于能够解决顾客问题的文案，其才会有兴趣继续看文案的内容。

另外，副标题绝不能是一些缺乏乐趣的概念词汇，这样才能做到既不破坏标题的新意，引起顾客共鸣，又能巩固标题的“领导地位”。除此之外，副标题要有收尾的作用，否则很难与标题区分开来。

总而言之，副标题是文案的凝聚或延伸，想要写好副标题，店主平时要多尝试，注意积累经验。

## 撰写并编辑文案

除了标题与副标题外，文案内容也很重要。在撰写文案时，不要去纠结文案可能会出现的问题，如句子结构不完整、语法有错误等。只要是与文案有关的事情都可以写出来。

撰写完文案后，店主就可以进行编辑了。首先，你可以整体浏览一遍文案，检查是否有拼写、语法、标点和句子结构等问题。除此之外，如果发现文案中有很多与你所表达的想法不相关的词语，那么就要将这些词语删除。

店主需要明白的是，写文案，思考要比下笔更重要。其实，顾客愿不愿意阅读文案，关键在于文案是否精彩、是否具有吸引力，如果店主想要提升文案的写作技巧，就必须要累积思考的厚度，多读书，丰富自己的人生阅历。

## 酝酿后查看文案

一个绝佳的文案需要一定心境才可以写出来。在这种心境的驱动下，编写文案者会在某个时刻迸发灵感，这时候写出来的文案是带有感情的，让阅读文案的人能透过文字而感知，从而引起读者的感情共鸣。

店主在不同心境下写出的文案是不同的，它所传达给顾客的信息也不同。所以，店主在编辑文案时可以先出去走一走或做一些令人心情愉快的事情，让自己的心情愉快起来。一般来说，酝酿的时间越长，效果会更好。

酝酿一段时间后，再看写好的文案。这时，就会惊奇地发现在这个文案中，还有很多地方需要修改，文字内容还可以再精练一些、再精彩一些。这样基本上就完成了文案的编辑，可以发表了。

## 5.2 优质文案的五个要求

不会写商品文案的人,文案是写给自己看的;而会写商品文案的人，文案则是写给目标消费人群看的。想要留住顾客，店主就要知道文案的重要性，只要掌握书写优质文案的五个要求，你就能轻松搞定商品文案。

### 切中顾客需求

在实体店中，很多顾客进入店铺时，心里早已预设好一个目标商品与预算，而一名优秀的销售人员善于用销售技巧改变顾客这一消费心理。在切中用户需求的前提下，逐渐引导顾客向高利润或想要销售的商品转移，而并非是顾客最初想要购买的商品，最终促使顾客将其购买下来。

如果店主想要挑战自己并以此为目标，这种技巧在微店中也是可以运用的，只不过要运用在文案中。店主在编辑商品文案时，要根据目标人群的需求，在文案中添加一些关键词，这些关键词要能够满足顾客需求，从而达到让顾客购买高利润或想要销售的商品的目的。

## 聚焦商品卖点

想要写出一篇优质的文案，聚焦商品卖点是首要工作。写文案时，店主可以拿出一张白纸，在白纸上用笔画出一个九宫格，在中间的格里填上商品名称，然后在其他格里填上该商品的各种优点。店主可以通过这种方法构思出各种设计图。

填写完商品优点后，如何运用它们就需要店主好好考虑了。但是，商品的优点介绍得太多就会适得其反。因此，店主只强调商品的某个优点反而容易给顾客留下深刻的印象。比如，面膜的优点有很多，如果店主只强调面膜其中一个功能——美白，那么顾客就比较容易记住，下次想要购买美白商品，就会想到这款面膜。

## 延伸和精减要点

实际上，店主仅仅做好聚焦商品卖点还远远不够，还需要学会延伸和精减要点。具体的做法就是，将某件商品的特点全部都写下来，在每个要点后再加入一些延伸要点，也就是将商品的每个特点进行详细介绍和延伸。

由于大多数顾客没有耐心将文案内容全部看完，因此店主完成延伸要点后，就必须要精减要点。比如，商品有五个延伸要点，店主将其精减为三个要点即可。对于文案的正文，店主可以列出并概述商品卖点。

文案的最后一段主要强调商品独特的销售卖点、价格优势等特点，其目的是吸引顾客立即购买商品。如果把整篇文案精减成三点，就是“我是什么” “为什么买我”和“必须买我”。

### 善用图片突出优势

在编辑文案时，店主可以在文案中插入一些图片来突出优势，如商品曾经获得哪些奖励、是哪个知名品牌、哪位当红明星代言过该商品等，以图文并茂的形式展示给顾客，以增加商品对顾客的吸引力。

实际上，一张好的图片相当于商品的宣传广告。不管你的文字功底如何，如果你的商品有很多优势，就要善于用图片将商品的这些优势展示出来，让顾客更直观地看到商品并了解商品，以便顾客根据自己的需求快速做出购买决定。

### 巧用文案防御攻击

开微店的人有很多，总有一些人会是你的竞争对手。这些竞争对手中，想要打压你的人有很多，他们通常会使用文案攻击、价格攻击等方式来攻击你。当店铺的销售量已经受到严重影响时，你就需要通过好的文案有效化解对方的强势攻击。

比如，某店铺的商品报价比你的卖价更便宜，店主就可以强调自己的商品货真价实且质量优异，并在文案中强调自己推出的价格之所以高于行情的商品价格，是因为商品全部来源于正规渠道。这样，店主轻松化解危机。

## 5.3 原创文章更能与消费者产生共鸣

在微店中，商品文案的好坏会在一定程度上影响店铺的销量。由于市场中售卖同类商品的店铺很多，在相同商品和相同价格的条件下，想要让顾客购买你的商品，就必须在文案上下足功夫。只有坚持原创，才能与顾客产生共鸣。

## 商品详情页的文案策划

在微店中，商品详情页的文案策划是非常重要的，它直接影响顾客的购买决定。所以，店主想要激发顾客的购买欲望并提高店铺销量，就要做好商品详情页的文案策划。同时，店主还要做好商品描述和图文详情的文案编辑工作。

在商品详情页中，文案的编辑主要分为两部分，一部分是商品描述（见图 5-1），另一部分是图文详情（见图 5-2）。

图 5-1 商品描述

图 5-2 图文详情

描述商品时，首先，店主要了解商品的优点，并从众多优点中提炼出商品的卖点，如补水等；其次，店主需要掌握目标人群的消费心理和他们关心的问题，结合这两点，在商品描述中加入诸如“新款”等关键词。需要注意的是，文字要简洁，这样才能准确向顾客传达商品卖点，达到吸引顾客购买的目的。

编辑完商品描述后，店主需要对图文详情进行文案策划。如果商品描述只是起到吸引顾客的作用，那么图文详情则起到促进顾客购买的作用。所以，各位店主一定要重视图文详情的编辑。

在编辑图文详情文案时，文字内容可以是商品的解释说明，几个字或十几个字都可以，只需突出商品细节，让顾客对商品有一个更深入的了解即可，切记不能长篇大论，避免引起顾客反感。在图文详情文案中，不仅要包含商品的基本信息（见图 5-3），还要包含商品卖点。此外，还要包含商品的细节信息（见图 5-4）。

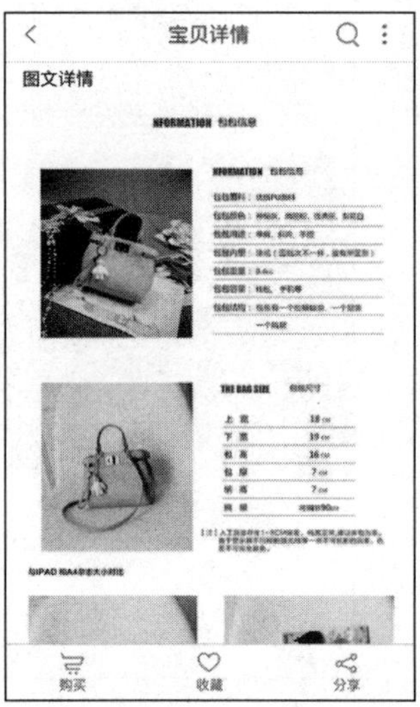


图 5-3　商品的基本信息

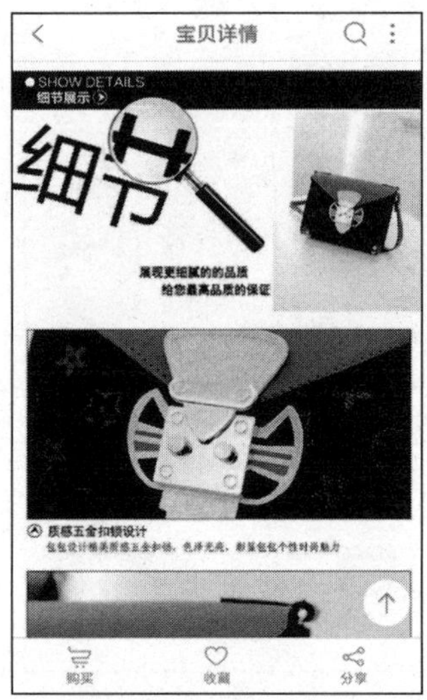


图 5-4　商品的细节信息

对店主来说，商品详情页的作用不容小觑。店主一定要根据商品描述和图文详情的特点来编辑文案。只有很好地将商品卖点展示给顾客，才能使顾客产生共鸣，从而提高店铺的销量。

## 店长笔记的文案策划

在微店中，店主可以在“店长笔记”中写一篇图文结合的文章并一键分享到朋友圈。这样既可以分享微店里已上架的某件商品，也可以分享个人的生活经历。这种接地气的方式不仅会拉近店主与顾客之间的距离，还能让顾客更了解你，更信任你。

如果店主的文字功底不错，能够写出一篇好文案，那么顾客都会非常愿意去分享。这样一来，你的微店就会被更多的人知道。

想要达成这一目的，店主就要懂得如何才能写好一篇店长笔记。店主需要了解店长笔记的构成（见图 5-5），它可以分为笔记标题、笔记内容和添加图片三部分。其中，笔记标题非常重要，标题是否吸引人，将直接决定他人是否点击进入店长笔记一探究竟。另外，需要店主注意的是，最多只能添加 15 张图片。

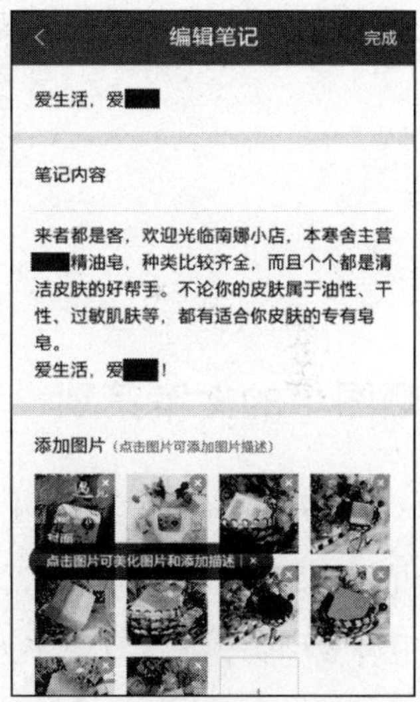

图 5-5　店长笔记的构成

其实，店长笔记这一功能的目的就是让顾客更了解店铺和商品，增加他们对店铺的信任，从而认可你的商品。

如果开微店的时间不长，店主可以在“店长笔记”中写出自己的开店经历，也可以分享自己使用商品的感受以及顾客的反馈；如果店里正在搞促销活动，你可以分享促销活动信息。当然，你还可以分享自己的生活经历。不管你写的文案内容是什么，只要是发自内心的且属于自己的原创文案，顾客一般都乐于阅读。

关于店长笔记中的“添加图片”部分，店主可以在每张图片下进行图片描述，具体内容可以根据自己添加的图片而定。

当完成一篇店长笔记后，店主就可以将它一键分享到各大社交平台上，大家点开阅读链接就能看到该文案了（见图 5-6）。

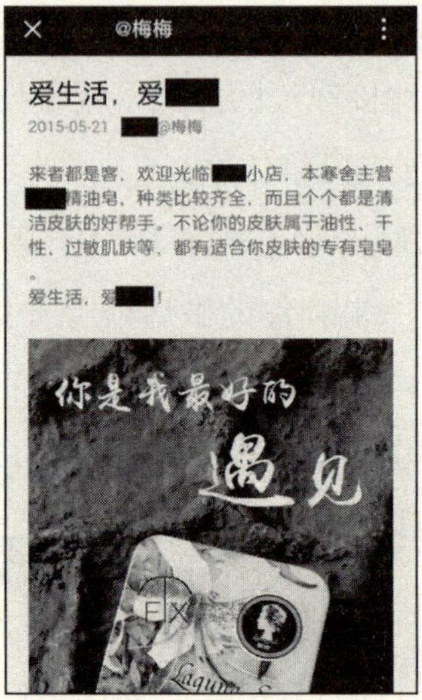


图 5-6　文案

## 晒图中的文案策划

微店中有一项功能叫“晒图”（见图 5-7），这项功能的优势之一是可以让别人知道你的微店。如果你晒出来的图片非常动人，而且文字也很有吸引力，就会有很多人给你点赞，甚至还会进入你的店铺浏览。所以，店主要好好利用微店的晒图功能，做好文案策划。

晒图是以图文结合的形式展示给顾客的，每次只能晒出一张图片，但可以在这张图片上标记标签（见图 5-8）并添加文字说明。实际上，店主对晒图进行文案策划就是策划标签和文字说明。

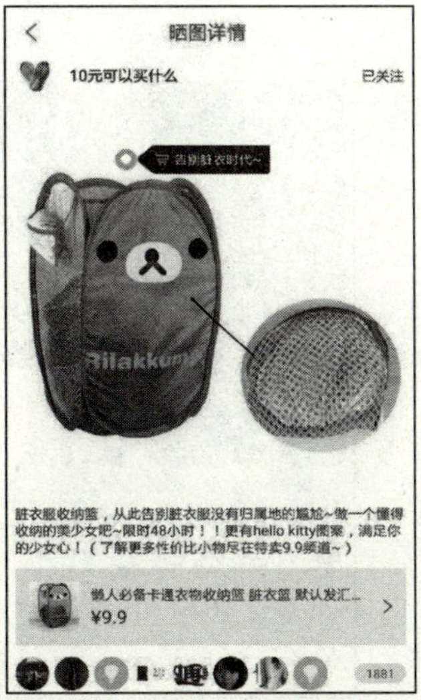


图 5-7 晒图

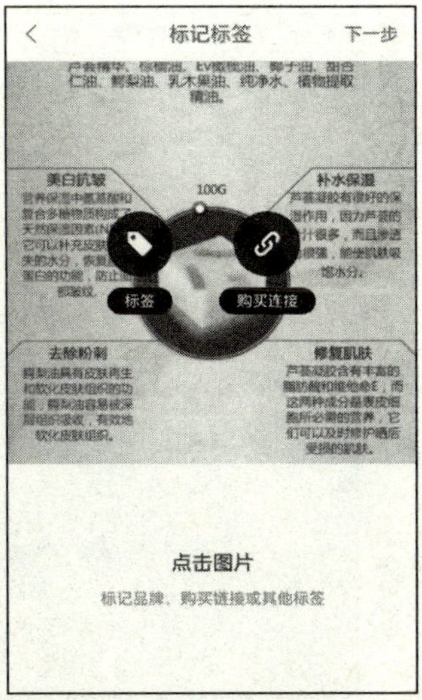


图 5-8 标记标签

如果店主晒出的是商品图片，那么可以在这张图片上添加标签。在编辑标签内容时，店主可以写下商品的名称，也可以写出商品的卖点。当然，店主也可以在图片上添加购买商品的链接，以便顾客进入店铺购买商品。

然后，店主需要编辑的就是图片说明（见图 5-9）。在进行这部分的文案策划时，店主可以写一些跟图片相关的内容。如果店主晒出的是衣服图片，那么可以教顾客如何与该件衣服搭配（见图 5-10）。除此之外，店主也可以写一些有关该商品的促销信息或吸引顾客购买的软广告。

图 5-9　图片说明

图 5-10　搭配衣服

只要店主写的内容接地气，且语言幽默风趣，通常是很容易被广大顾客接受的。需要注意的是，在编辑这部分文案时，字数最多只能输入140字。

# 第6章

# 促销，打造爆款的秘密

“天下熙熙皆为利来，天下攘攘皆为利往”，这句话很好地诠释了店主与顾客之间的关系。在微店经营的过程中，很多店主都会采取各种促销手段来刺激顾客消费，让顾客产生购买欲，而这正是微店成功打造爆款的秘密之一。

# 6.1 打折促销，永不过时的绝招

不管是实体店还是微店，很多店主都会实行打折促销。这样做既可以吸引大量潜在顾客前来购买，还可以回报老顾客一直以来的厚爱。打折促销不仅能使顾客购买到自己喜欢的商品，还能使店主获得巨大的利润。因此，店主要掌握打折促销的最佳时机。

## 淡季打折

在微店中，有很多商品都是季节性的，换句话说，某些商品的销量会伴随季节的变化而忽高忽低，尤其是服装鞋帽类的商品。为了避免在淡季时店铺陷入门可罗雀的尴尬境地，聪明的店主会选择在淡季时进行打折促销活动（见图 6-1），这样做不仅能够吸引顾客前来购买，还可以减轻商品库存的压力。

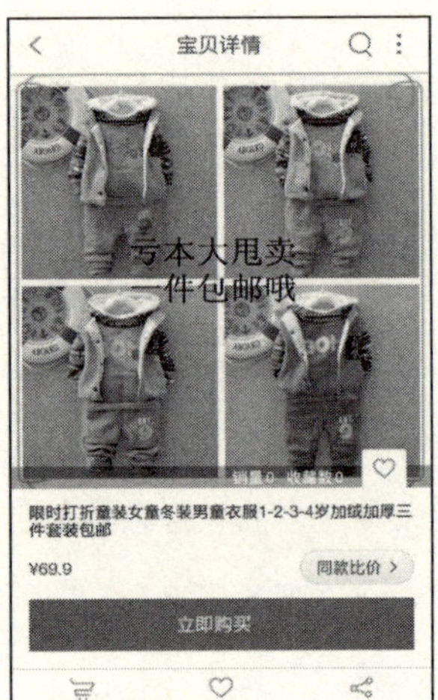


图 6-1　冬装打折

## 节日打折

店主完全可以利用节日搞一些打折促销活动。在特殊的节日里，如春节、母亲节、情人节（见图 6-2）等，顾客购买商品的意愿很强烈，只要商品有一定的优惠，他们就很有可能会购买下来。

图 6-2　情人节打折活动

## 生日打折

为了吸引更多的潜在顾客，更好地维护老顾客，店主可以在顾客生日的时候，给顾客送去贴心的小礼物或者给予一定的商品折扣。这种具有人性化的促销方式，不仅可以增进顾客与店主之间的感情，让顾客感受到店主的真诚与体贴，还可以在无形中增加店铺的销量。

## 限时打折

对于店主来说，在短时间内采用限时打折的促销手段，不仅可以增加店铺的销量，还能获得一定的利润。尤其是在资金周转不畅的情况下，可以有效帮助店主解决这一困难。另外，大部分顾客都爱“占便宜”，店主可以抓住顾客这一心理，适当开展限时打折活动（见图 6-3），从而增加店铺的客流量。

图 6-3　限时打折

店主在举行限时促销活动时，最好选择在周末、节假日进行，因为在这段时间内大多数人都处于休闲游乐的状态，有大量的时间可以用于消费，引起他们的关注，就有可能获得巨大收益，但不要使用过于频繁，避免让顾客产生疲劳，致使促销效果不佳。

## 限量打折

与限时打折一样，限量打折（见图 6-4）同样对顾客具有吸引力，这在一定程度上，能够增加顾客购物的紧迫感，促使顾客快速下单。店主在采用限量打折促销手段时，最好掌握好商品的数量，避免数量过多，不足以吸引顾客。另外，店主也可以采用限时限量的打折方式（见图 6-5），大部分顾客见状都会毫不犹豫地下单。

图 6-4 限量打折

图 6-5 限时限量打折

实际上，如果店主能够灵活运用限量打折的方式，基本上就能获得不错的收益。需要注意的是，店主使用限量打折的次数不能太多，避免失去对顾客的吸引力，更不能用积压品来欺骗顾客。因为一旦被顾客发现，他们就不会再信任你的店铺，从而导致大量顾客的流失。

## 6.2 优惠券促销，吸引顾客的高招

随着微店竞争越来越激烈，优惠券已成为店主们开业酬宾或节假日促销的重要手段，也是吸引顾客的“灵丹妙药”。如果店主能够合理利用优惠券，不仅能提高店铺的销售量，还可以与顾客建立良好的关系。

### 确定使用优惠券的营销目的

制作优惠券之前，店主需要确定使用优惠券的目的，是为了提高店

铺人气，吸引潜在顾客的关注，还是为了提高老顾客的回购率。除此之外，店主还要了解促销的主题，提前做好促销活动的各项准备工作，避免在促销活动中出现问题。

当然，店主使用优惠券的营销目的不同，所采用的营销策略也不同。如果店主想要提高老顾客的回购率和忠诚度，可以采用比较宽松的优惠券营销策略；如果店主想要提高某件商品的销售量，可以使用比较刺激的优惠券策略。不管店主采用哪种营销策略，都必须从营销的角度出发，这样店主才能将营销工作做到位。

## 促使并引导顾客消费

对于顾客来说，店铺发放的优惠券大多数都是有条件的打折优惠，并非立即就能兑现，需要顾客进行二次（多次）消费后，才能享受该店铺的折扣优惠。由此可以看出，优惠券隐含着的诱导成分较高，它能够起到促进顾客消费的作用。实际上，顾客通过使用优惠券享受到的优惠并不大。所以，店主只要好好利用优惠券，抓住顾客的消费心理，就能为店铺带来巨大收益。

## 优惠券设计和内容要有吸引力

与直接打折相比，优惠券的优势在于，它不仅能够避免顾客对商品的质量产生怀疑，还为持有优惠券的顾客带来了额外的独享满足感，从而使店铺获得不错的收益。想要把优惠券的作用发挥到极致，店主就要在优惠券上下足功夫。优惠券的设计和内容一定要有吸引力才行。

如果店主发放的优惠券是纸质的（见图 6-6），那么在优惠券的外观设计上，颜色种类不宜过多，画面要既简洁又美观，要让顾客看完一眼，就能被吸引住。

图 6-6　优惠券

在优惠券的内容上，必须契合顾客的购买需求，因为它是影响优惠券使用的主要因素之一。一般来说，门槛越低，优惠券对顾客的吸引力就越大，优惠券使用率越高。而且，消费者往往比较喜欢通用型优惠券，如果顾客使用优惠券能随意在店铺内选购任一商品，这会提高优惠券的使用率。

总而言之，要想提高优惠券的使用率，那么店主制作出来的优惠券，不仅外观看起来要有美感，而且内容具有足够的吸引力。当店主设计出让顾客为之心动的优惠券后，就能刺激消费者的购买欲望，进而提高店铺的销售量。

## 完善优惠券的细节

在制作优惠券时，店主要明白，一张完美的优惠券，不仅要有优惠金额，更要有顾客关心的优惠信息。如果店主想要尽可能多地吸引顾客，就要将优惠券做精、做细。要想达成这一目的，就要掌握优惠券的以下四个要素（见图 6-7）。

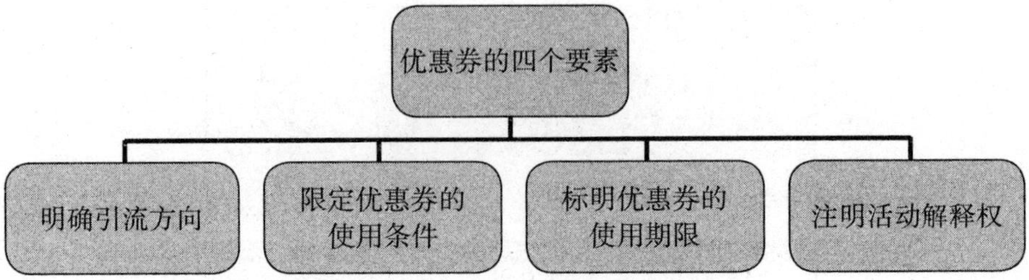


图 6-7　优惠券的四个要素

1. 明确引流方向

店主需要在优惠券上标明优惠券的使用范围，如只能在购买某一类商品时使用，或者只限于在特定的时间段内使用等，这样不仅可以促进店铺内某类特定商品的销售，起到引导流量走向的作用，还有可能会培养出一批忠实顾客。

2. 限定优惠券的使用条件

对于店主来说，利用优惠券是为了引导顾客消费，但不能长期使用优惠券，否则顾客会逐渐失去对你的好感，店铺的利润也会因此降低。为了避免这种情况发生，店主可以在优惠券上注明优惠券的使用期限，如“优惠券使用有效期为 2015.7.1 至 2015.7.10，逾期作废”。

3. 标明优惠券的使用期限

为了达到刺激顾客购买的营销效果，店主可以在优惠券上限定使用期限，让顾客有种时间上的紧迫感，从而提高优惠券的使用率。

4. 注明活动解释权

在优惠券上，店主必须注明活动解释权，如优惠券的最终解释权归属店铺等，这样可以有效地避免日后活动执行时出现不必要的纠纷。

以上就是优惠券的四个要素，只有将这些细节都做到了，才能制作出一张完美的优惠券，使优惠券发挥出它应有的重要作用，为店铺带来更多的客源，使店铺获得不错的收益。

## 6.3 捆绑销售，扩大销售额的妙招

在微店的经营过程中，捆绑销售是店主经常采取的一种销售手段，常用于食品、日常用品等领域，将相同或不同商品捆绑销售，利用某件商品的优势来带动其他商品的销售，从而实现利润最大化。如果店主能够灵活运用捆绑式销售，不仅可以为店铺带来大量顾客，还能促进店铺的销售量。要想获得绝佳的营销效果，店主就需要掌握捆绑销售的方法和技巧。

### 明确捆绑商品的定位

由于顾客的年龄、收入等方面的差异，其购买行为和购买类型也会千差万别。所以，店主在采用捆绑式销售时，一定要明确捆绑商品的定位，再根据顾客的购买需求挑选另一件商品参与捆绑销售的商品。只有这样，店主才能做好捆绑销售，达到事半功倍的营销效果。否则，不仅会影响商品的销售，还有可能流失固定顾客。

另外，如果店主站在顾客的角度出发，就会发现有些顾客购买捆绑商品是为了满足家庭或家庭中其他成员的需求。所以，店主在挑选捆绑商品时，可以挑选两种或两种以上的商品进行捆绑销售，并随机变换捆绑商品的组合。

### 捆绑的商品属于同一档次或质量水平

不管店主捆绑的商品是否为同类型，都要遵守一个原则：捆绑的商品要属于同一档次或同一质量水平（见图 6-8），如店主售卖的是每日活菌，可以将葡萄味和荔枝味进行捆绑销售。只有这样，才能恰到好处地吸引目标顾客购买商品，达到捆绑销售的最佳营销效果。

如果捆绑商品的质量差别太大，不仅达不到预期的促销效果，还会对店铺的信誉造成一定的负面影响，导致顾客大量流失。

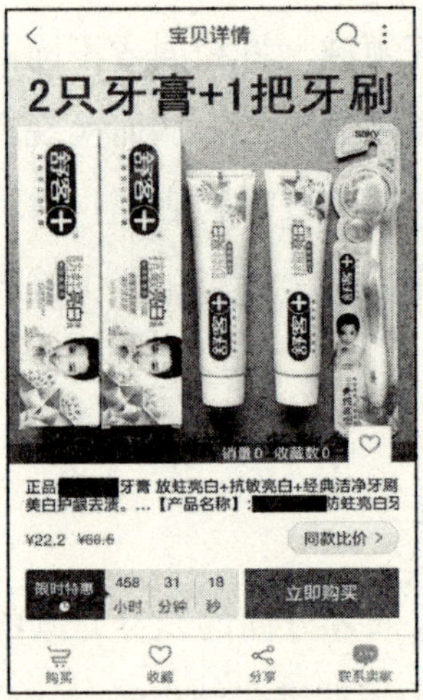


图 6-8　捆绑商品属于同一档次或同一质量水平

## 捆绑的商品具有相关性或配套性

在日常生活中，有很多商品都是具有关联性的，如鞋子和袜子等。当然，也有一些商品之间具有一定的配套性，如碗、勺子和叉子等（见图 6-9）。因此，当顾客购买其中一件商品时，大多数都会再购买与之配套或关联的商品，店主就可以抓住顾客的这一消费心理，开展捆绑销售活动。需要注意的是，店主在挑选捆绑商品时，需要注意商品间的配套性、互补性和兼容性，以此迎合目标顾客的需求，满足他们的需要，从而获得收益。

图 6-9　配套的商品

## 捆绑商品的定价技巧

在进行捆绑销售时，对捆绑商品做出合理的定价也是一项非常重要的工作。比如，店主捆绑的商品是脸盆和毛巾，很多顾客都会认为脸盆比毛巾更重要。在这种情况下，如果在进行捆绑商品销售时，店主可以适当地降低脸盆的价格，而毛巾的价格可以保持不变，甚至可以提高一些价格。这样不仅能让顾客在心理上感觉自己得到了实惠，而且还不会影响店铺的收益。

另外，在捆绑的商品中，如果有一件是畅销品，另外一件是滞销品，那么店主就可以采用提高畅销品价格，同时降低滞销品价格的方法进行定价。这样不仅能带动滞销品的销售，还不会影响畅销品的销售，进而保证店铺的收益。当然，对于互补的商品，店主也可采取类似的定价方法。

总而言之，店主进行捆绑式促销时，一定要了解捆绑式组合的定价技巧。只有这样，才能达到最佳的营销效果。

# 6.4 赠品促销，立竿见影的狠招

在微店的经营过程中，店主难免会遇到顾客砍价的情况。当无法在价格上作出让步时，店主可以通过赠送小礼物来促成交易，而且赠品促销还可以在短期内快速提高店铺的销售量。需要注意的是，店主想要利用好这一促销方法，必须要选择合适的赠品。

## 赠品要具有实用性

虽然赠品可以吸引顾客，但如果赠品没有实用性，就不会对顾客产生任何吸引力，也就失去了赠品促销的意义。为了避免这种情况的发生，店主在选择赠品时，必须要考虑赠品的实用性（见图 6-10）。

实际上，每件赠品都有实用性，只不过店主提供的赠品要与顾客的购买需求相一致才可以。比如，如果顾客购买的是儿童奶瓶，那么赠送给顾客的赠品就应该是奶嘴，这样顾客才会对赠品感兴趣，进而购买店铺内的商品。

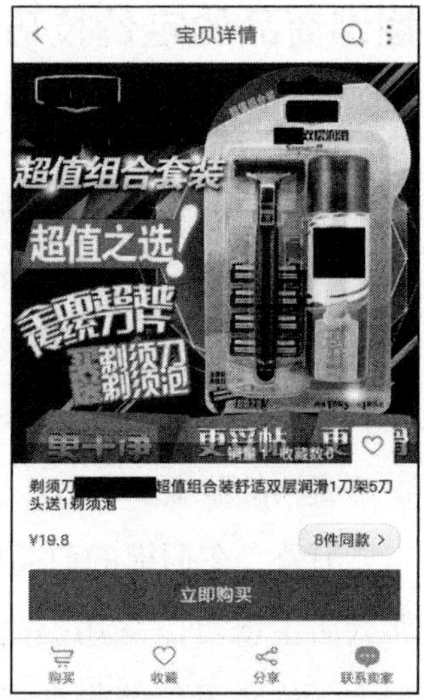


图 6-10　实用的赠品

## 赠品要具有实惠性

在进行赠品促销时，顾客关注的不仅仅是赠品的实用性，还有它的实惠性，如果顾客购买一瓶 400 毫升的洗发乳就能获赠一瓶 180 毫升的护发素（见图 6-11），他会觉得赠品既实用又实惠，就会将其购买下来。所以，想要增加赠品对顾客的吸引力，店主在挑选赠品时还要注重赠品的实惠性，从而使赠品促销的效果更好。

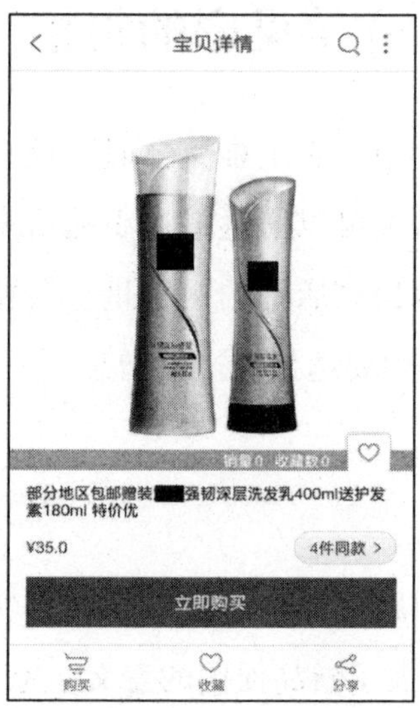


图 6-11　实惠的赠品

## 赠品要容易获得

实际上，赠品促销不仅不会对商品价格造成任何影响，反而会带动店铺内商品的销量。所以，店主在策划赠品促销时，不仅要知道赠品促销的“即买即送”和“附加条件赠送”两种常见形式，还要遵循一个原则——赠品容易获得（见图 6-12）。

换句话说，店主不能为赠品设置过高的门槛，要让顾客比较容易就能获得赠品。只有激发了顾客的参与热情，让顾客蜂拥而至，才能营造出促销的活动气氛，店铺的销售量自然就会呈几何级数式增长。

图 6-12 容易获得的赠品

## 赠品要符合顾客的即时需求

如果店主赠送给顾客的赠品既实用又实惠，同时顾客又比较容易获得，就一定能达成交易吗？其实不然，因为赠品促销还有一个非常重要的特点，就是必须要符合顾客的即时需求。也就是说，赠品最好是顾客当下的需求，即赠品的时效性，如果店主进行夏季促销时，为了促销女士凉鞋，却赠送一双棉袜，这显然是不合适的。如果店主赠送的是丝袜，那么促销效果就会非常好。

# 第 7 章

# 实时查看并做好订单管理

在微店管理中，订单管理是一项非常重要的功能，也是微店店主必须掌握的技能。如果店主不能及时处理好各种订单，就有可能给微店的经营带来很多不必要的麻烦，也会直接影响店铺的销售额。所以，店主一定要重视并做好订单管理工作，这样才能将微店打理得井井有条。

## 7.1 查看待发货订单并为顾客发货

在微店的经营过程中，店铺会产生大量的订单，及时处理这些订单便成了微店店主们的头等大事。其中，及时查看并处理待处理订单尤为重要，因为店主如果没有及时处理待处理订单，不仅会因未及时给顾客发货而影响与顾客的正常交易，还会影响店铺的声誉。

### 查看待发货订单

待发货订单是指顾客已经完成付款，需要店主处理并完成发货的订单。一般来说，顾客在微店中看中某件商品，将其放入购物车并成功付款后，店主就会收到一条微店平台发送的提示短信。收到短信提示后，店主就应尽快给顾客发货。

在微店首页中点触“订单管理”按钮，再点触“进行中”标签下的“待发货”按钮，就能看到所有“待发货订单”了（见图 7-1）。

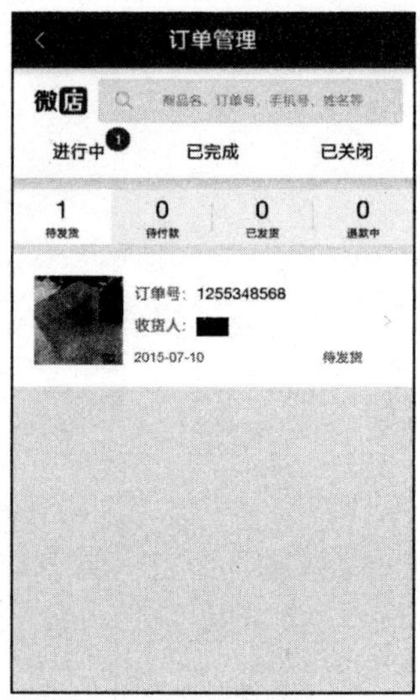


图 7-1 待发货订单

### 为顾客发货

在“待发货订单”页面中，点触需要优先处理的订单，然后在“订单详情”页面中点触“处理”按钮（见图 7-2），再选择“发货”选项就可以了（见图 7-3）。

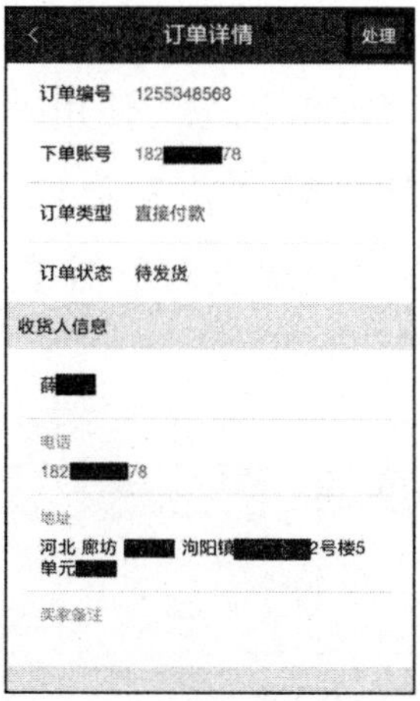


图 7-2 “订单详情”页面

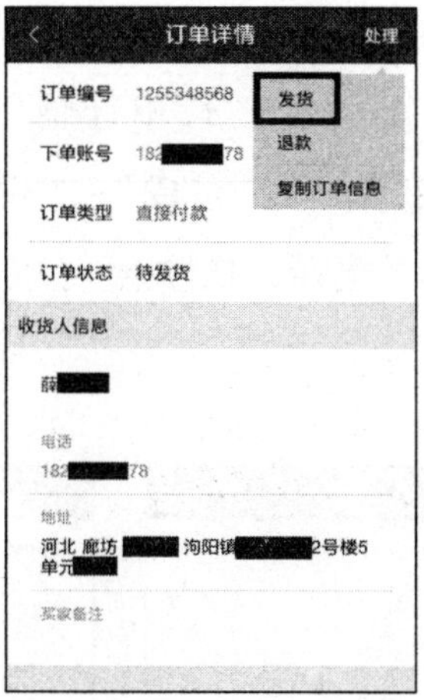


图 7-3 选择“发货”选项

在“发货”页面中可以看到三种发货方式，分别为“普通快递”“同城快递”和“无需物流”（见图 7-4）。如果店主选择“普通快递”，可以在微店平台合作的众多快递公司中进行选择，如顺丰速运、圆通速递、DHL（敦豪）速递等。如果微店平台上没有店主已合作的快递公司，也可以自己填写（见图 7-5）。

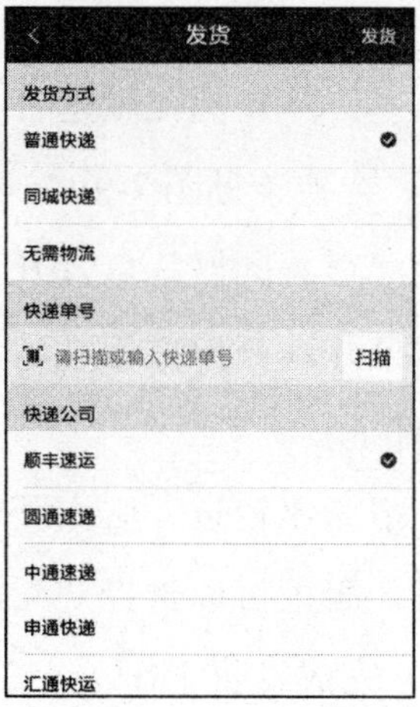


图 7-4 “发货”页面

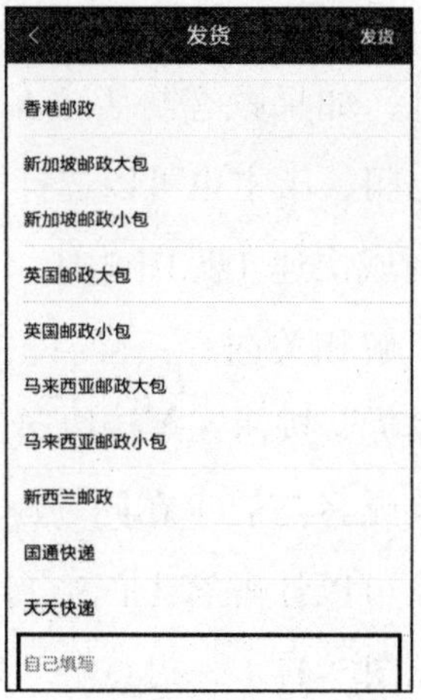


图 7-5 自己填写已合作快递公司名称

选定快递公司并扫描或输入快递单号后，点触“发货”按钮（见图 7-6），这时“订单详情”页面中的“订单状态”便由“待发货”自动更新为“已完成”，说明店主已处理好“待发货订单”（见图 7-7）。之后，店主便可以随时通过订单详情查看物流信息了（见图 7-8）。

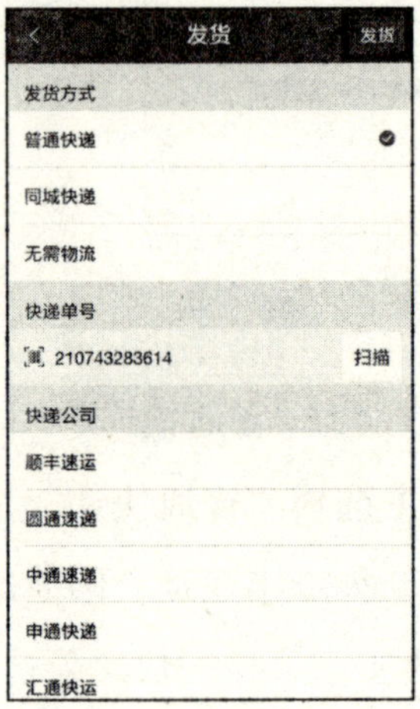


图 7-6　点触“发货”按钮

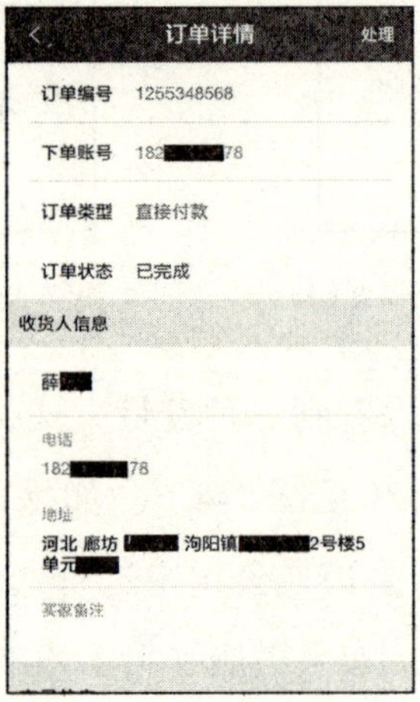


图 7-7　“待发货订单”已处理

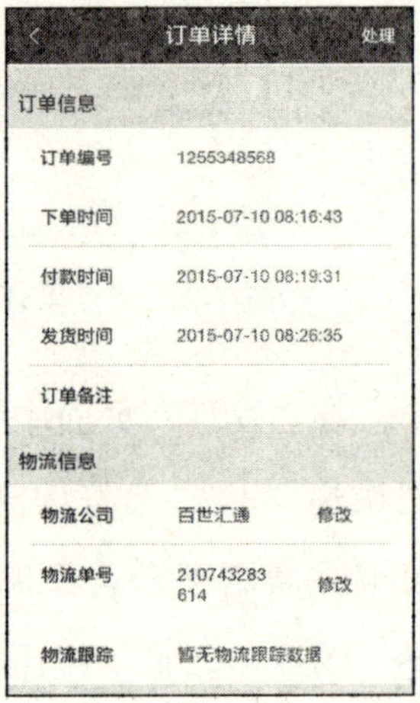


图 7-8　物流信息

另外，如果顾客与店主在同一座城市里，但距离比较远，不方便直接送货上门，店主也可以选择“同城快递”选项（见图 7-9）。如果店主不了解同城快递（见图 7-10），可以点触“查看同城特点及开通城市”按钮来了解相关内容。待店主了解相关信息并填好取件地址后，就可以点触“发货”按钮，等待快递员上门来取件了。

如果顾客与店主在同一座城市里，且距离比较近，店主既可以送货上门，也可以让顾客上门亲自取货。这时，店主可以选择“无需物流”选项（见图 7-11），再点触“发货”按钮，完成发货工作。

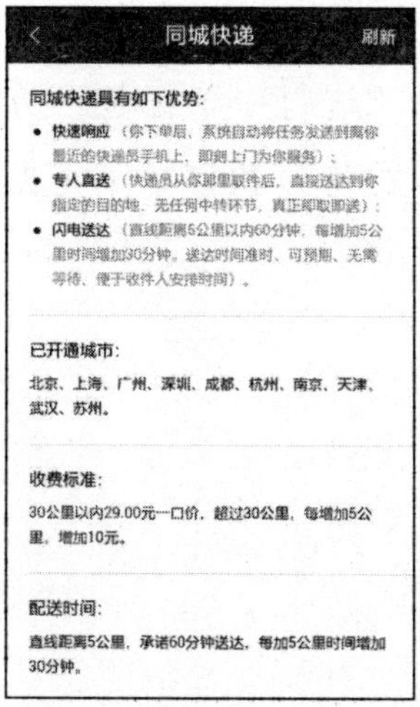


图 7-9 选择“同城快递”选项

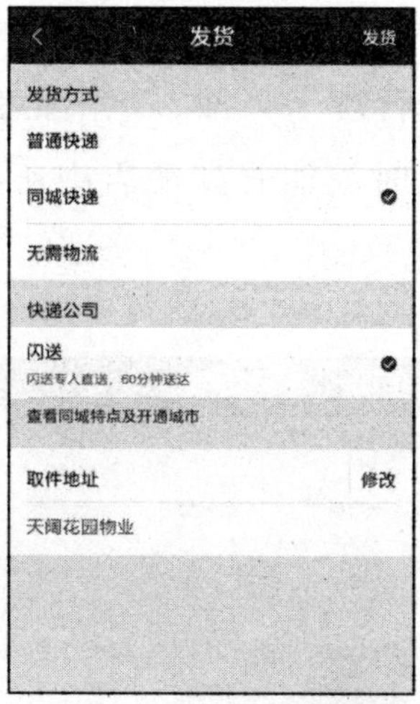


图 7-10 “同城快递”页面

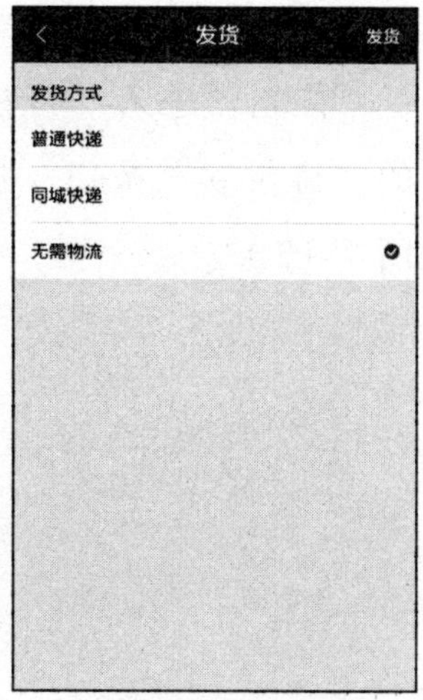


图 7-11 选择“无需物流”选项

以上就是处理“待发货订单”的基本操作，主要有普通快递、同城快递和无需物流三种处理方式，店主可以根据实际情况选择。

## 7.2 查看待付款订单并与顾客沟通

在订单管理中，待付款订单也是需要店主及时处理的订单之一。处理待付款订单时，店主要主动与顾客沟通，了解顾客未付款的原因，才能对症下药。这样不仅能转化未付款订单，提高店铺的销售量，还可以通过顾客了解自己店铺的不足，使微店的经营更上一层楼。

### 查看待付款订单

未付款订单就是那些已将信息填写完整的订单。一般来说，如果顾客在订单上填写了完整的收件人信息，就表明他有购买商品的意愿，只是没有付款，或是在付款环节出现了问题。

首先，进入“订单管理”页面，然后点触“进行中”标签下方的“待付款”按钮，这时就能看到微店中所有的待付款订单了（见图 7-12）。

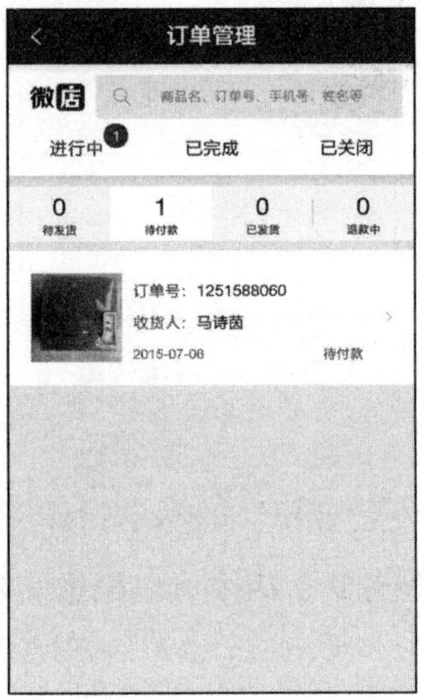


图 7-12　待付款订单

## 与顾客沟通

对“待处理订单”的处理，会直接影响这种订单的转化率，从而影响店铺的销售量。所以，店主必须及时与顾客沟通，了解顾客未付款的原因，并根据不同的原因选择相应的处理方式，促成交易。

一般来说，顾客填写完相关信息却未付款，主要有三种情况：第一种情况是顾客未开通网银或卡上余额不足；第二种情况是顾客不知道如何支付；第三种情况是顾客不想买了。不管顾客是因何种原因未付款，店主都要用发送短信或拨打电话的方式主动与顾客沟通（见图 7-13），解决问题。

如果店主与顾客沟通后得知顾客是因为未开通网银或卡上余额不足而未完成交易，店主可以提醒顾客尽快到银行开通网银，或及时给银行卡充值。若顾客仍未付款，店主则可以用短信的方式提醒顾客及时付款，否则该订单会在 24 小时内自动关闭。

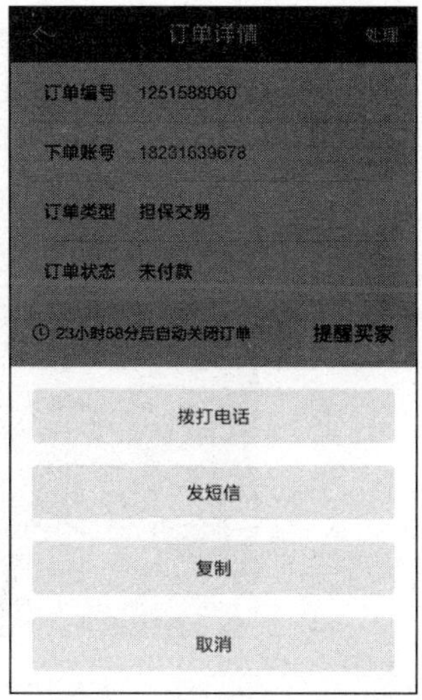


图 7-13　两种沟通方式

如果顾客是因为不知道支付方式而放弃付款，店主可以为顾客详细讲解支付流程，引导顾客完成付款，从而达成交易。

如果顾客不想买了，店主就要好好与顾客沟通，先了解顾客放弃购买的原因，再对症下药。如果顾客是因为商品价格太贵而放弃购买，店主可以在商品价格上做出一定的让步（见图 7-14 和图 7-15），尽可能挽回此订单。店主修改订单价格后点触“好”按钮（见图 7-16），此时顾客就能收到已修改价格的信息（见图 7-17）。

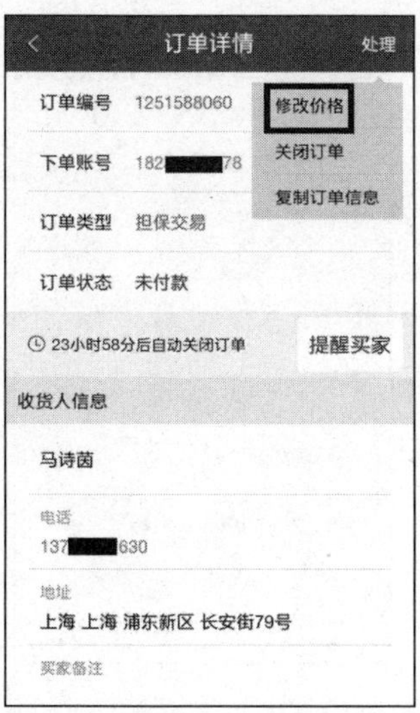


图 7-14　点触“修改价格”按钮

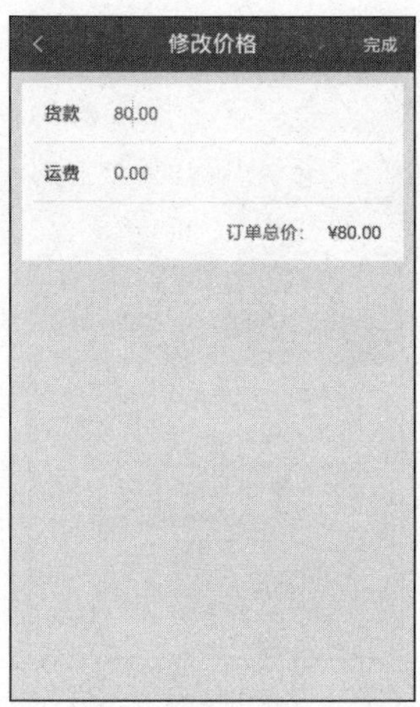


图 7-15　点触“完成”按钮

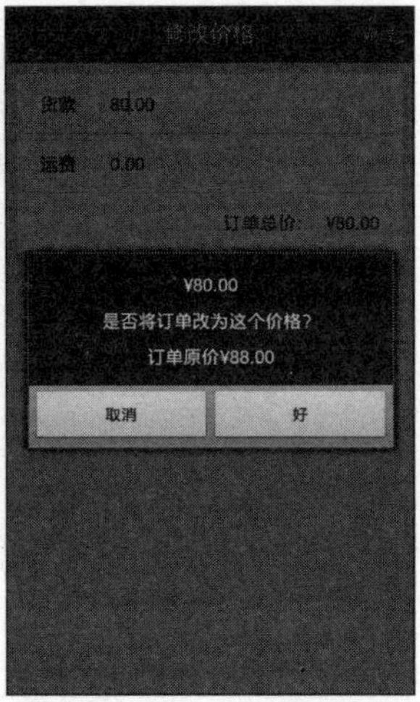


图 7-16　点触“好”按钮

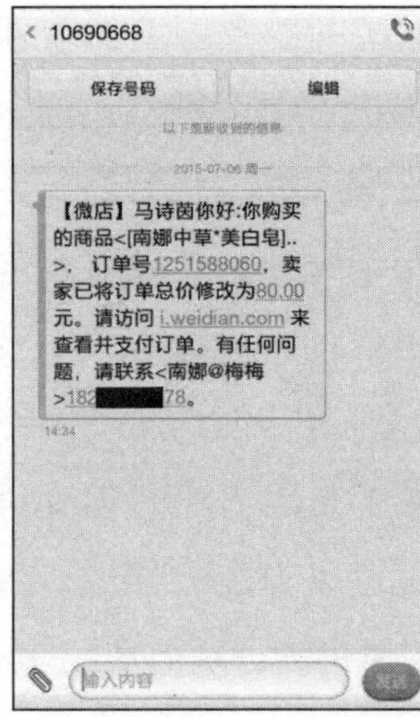


图 7-17　顾客收到已修改价格的信息

如果顾客真心不想购买商品了，店主可以关闭此订单。在该订单详情页中点触“处理”按钮，并选择“关闭订单”选项。店主还需要选择顾客不购买的原因（见图 7-18），如“买家不想要了”，该订单的状态就会显示“已关闭”（见图 7-19）。

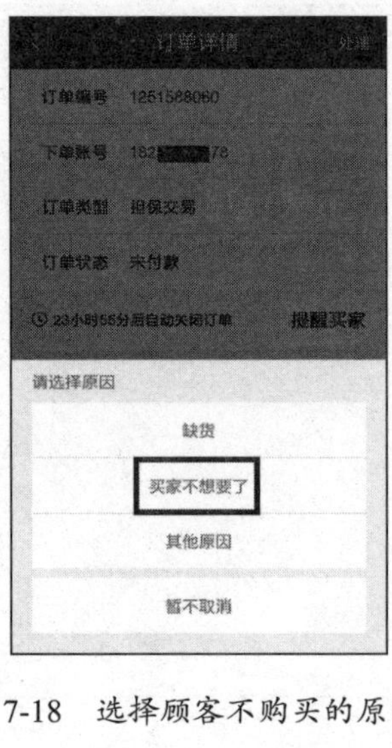


图 7-18　选择顾客不购买的原因

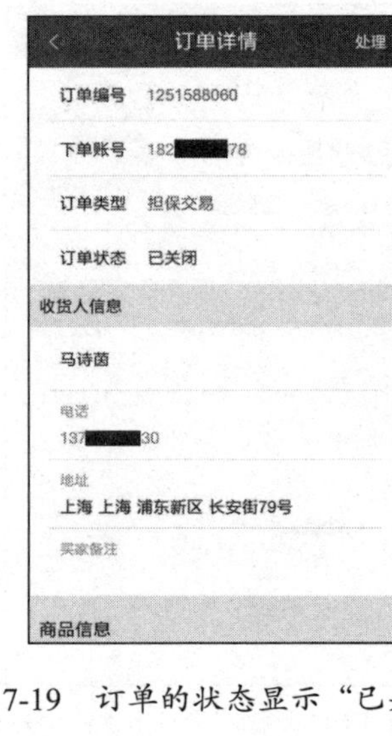


图 7-19　订单的状态显示“已关闭”

之后，店主还可以点触订单信息中的“订单备注”按钮，并在订单备注页面中输入顾客未购买的原因（见图 7-20），完成后点触“完成”按钮，这时店主就能在“订单详情”页面中看到该订单的备注了（见图 7-21）。给待付款订单输入备注的目的是为了更好地处理已关闭订单。

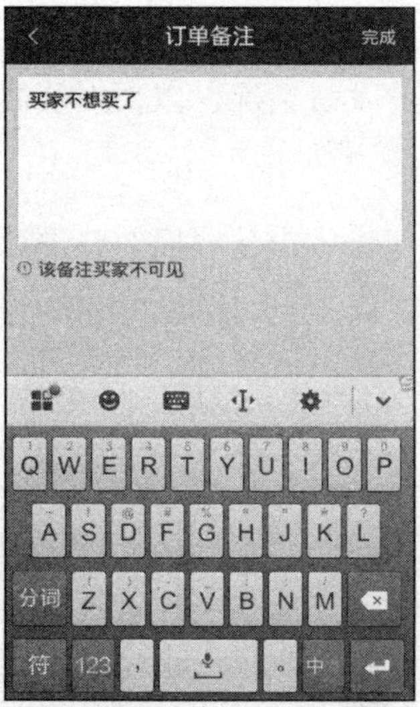


图 7-20　输入顾客未购买的原因

图 7-21　订单备注

## 7.3　查看已完成订单并查询快递

店主完成发货后，必须跟进相关订单，以便及时了解货物的运输情况。这样不仅能及时回答顾客有关货物运输的询问，而且在发生问题时还能及时与快递公司取得联系，从而提升顾客的购物体验。

## 查看已完成订单

在微店中，当店主成功处理完“待处理订单”和“未付款订单”后，这些订单就会自动更新为“已完成订单”，也就是进入发货流程的订单。

虽然“已完成订单”属于已经完成发货的订单，但这并不代表店主与顾客之间的交易就此结束。也就是说，在顾客还未收到货物之前，店主应该积极主动地关注“已完成订单”的发货情况，以便对货物情况做到心中有数。

顾客向店主询问货物运输情况时，如果店主从容应对，就能增加顾客对店铺的信任。如果顾客不主动询问，店主也可以及时将物流情况反馈给顾客，这样顾客很可能会因店主的体贴而成为店铺的回头客。

在“订单管理”页面（见图 7-22）中点触“已完成”按钮，这时就能看到店铺中所有“已完成”的订单了（见图 7-23）。

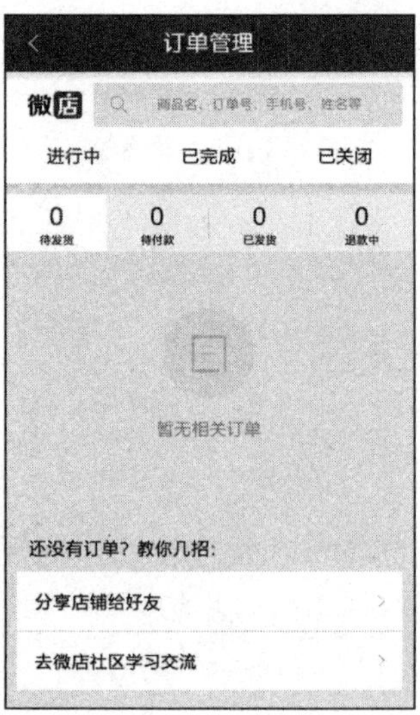


图 7-22 “订单管理”页面

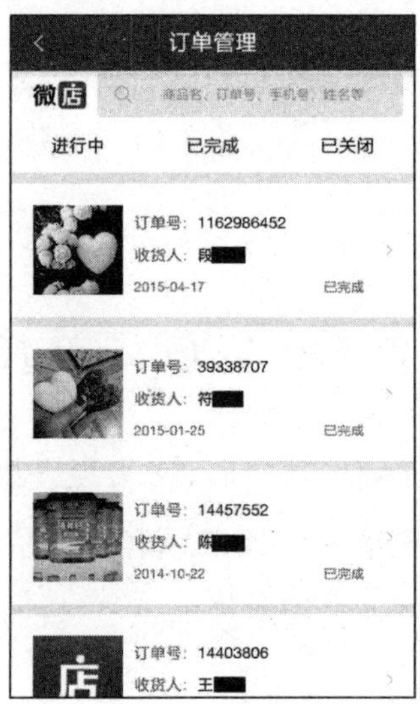


图 7-23 “已完成”订单

## 查询快递

完成发货后，顾客随时都有可能询问商品的运输情况，而“已完成”订单有很多，如果一一查找会比较麻烦。这时，店主可以通过“订单管理”页面中的“搜索”功能来快速查询某个“已完成”订单。

在“搜索”文本框（见图 7-24）里输入商品名、订单号、手机号、顾客姓名其中之一。然后点触“搜索”按钮（见图 7-25）即可完成查找。

这时，需要查找的订单就会显示在页面中了（见图 7-26）。然后点触该订单，就会进入“订单详情”页面。

图 7-24 “搜索”文本框

图 7-25 点触“搜索”按钮

图 7-26 页面显示搜索到的订单

“订单详情”页面（见图 7-27）会显示该订单目前的状态。如果店主想要了解该订单的物流情况，可以向下滑动页面，在“物流信息”栏中就能看到物流的具体情况（见图 7-28）。在顾客询问商品的物流信息时，店主可以将该订单的物流跟踪信息截图，并发送到顾客的手机上。此外，店主也可以下载查询快递的应用来查询货物运输情况。

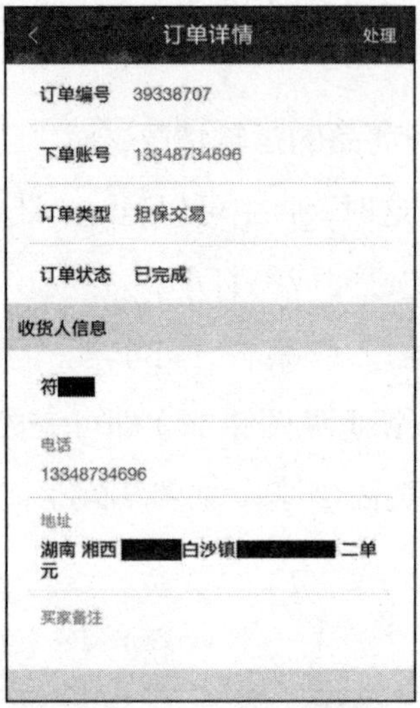


图 7-27 “订单详情”页面

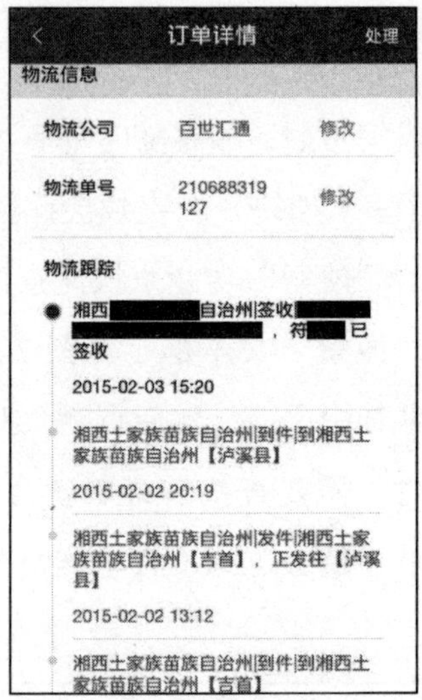


图 7-28 跟踪物流

## 7.4 查看已关闭订单并与顾客重新进行沟通

在微店经营的过程中，店主可能会因为各种各样的原因而忘记处理“未付款”订单，导致这部分订单自动变成“已关闭”订单。对于“已关闭”订单，店主要积极主动地与顾客重新沟通，促使这笔交易达成，找到自身不足，完善店铺经营。

### 查看已关闭订单

“已关闭”订单是指顾客在一天内未完成付款，而店主也没有及时处理的订单。如果店主想要了解这部分订单的情况，可以打开微店首页，点触“订单”按钮，然后在“订单管理”页面中点触“已关闭”按钮，就能看到店铺的所有“已关闭”订单（见图 7-29）了。

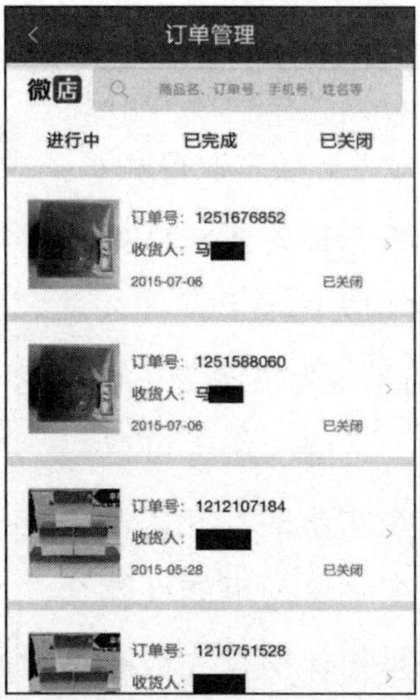


图 7-29 “已关闭”订单

## 与顾客重新进行沟通

如果店主没有及时处理“未付款”订单，店铺就极有可能产生大量“已关闭”订单。对于这部分订单，店主需要与顾客好好沟通，尽量使“已关闭”订单转化为有效订单。店主在处理已关闭订单之前，要先分析形成“已关闭”订单的主要原因，再根据实际情况去分别处理。这种处理方式虽然不能为店铺追回全部“已关闭”订单，但至少能为店铺追回部分顾客，从而提高店铺的销售量。

在微店中，之所以会产生大量“已关闭”订单，主要是因为店主没有在 24 小时之内及时处理，它与未付款订单的产生原因基本是一样的：顾客担心商品不是正品或商品缺货等。不管是因为何种原因，店主要积极主动地与顾客沟通，再根据实际情况做出相应处理，尽量使这部分订单变成有效订单。

一般来说，“已关闭”订单的“订单详情”页面中都会有收货人的基本信息（见图 7-30）。店主可以通过这些信息以短信或打电话的方式与顾客取得联系。不过，联系顾客之前，店主首先要对订单有一个大致的了解，如顾客购买的商品是什么，什么时候购买的，选择的是否为担保交易等。

图 7-30 “订单详情”页面中的收货人信息

之所以要了解订单，是因为店主可以根据订单详情对顾客有一个初步的判断，在与顾客沟通时说服对方改变主意的可能性就会提高。如果顾客选择的是担保交易，极有可能是第一次在店铺购买商品的顾客，对店铺以及商品持怀疑的态度。店主与这类顾客交流时，可以向顾客说明店铺已开通“七天无理由退货”服务，以此打消顾客的顾虑。

如果顾客在备注中说明了自己的担心或要求，店主就更应该主动与这类顾客取得联系，有针对性地解决顾客心中的各种顾虑，让顾客放心购买。如果顾客提出了自己的要求，而这个要求又是合理的，店主应该尽量满足顾客，挽回此类订单。

另外，如果顾客在备注中说商品缺货，并填写了自己的微信号（见图 7-31），那么店主在处理该订单时，就要及时查询该商品是否真的缺货了。如果该商品真的缺货了，店主就应该及时补货，并添加顾客的微信号，告诉顾客该商品正在补货，并会在货到后及时通知，请对方耐心等待。一般来说，只要店主能及时与顾客沟通，这种订单重新达成交易的概率是非常高的。

如果顾客选择的是直接付款的交易方式，而且顾客在买家备注中并没有填写任何信息（见图 7-32），那么店主与顾客交流时，就要询问顾客对店铺的商品或服务有什么疑问，以此来引导顾客说出自己的付款的原因。

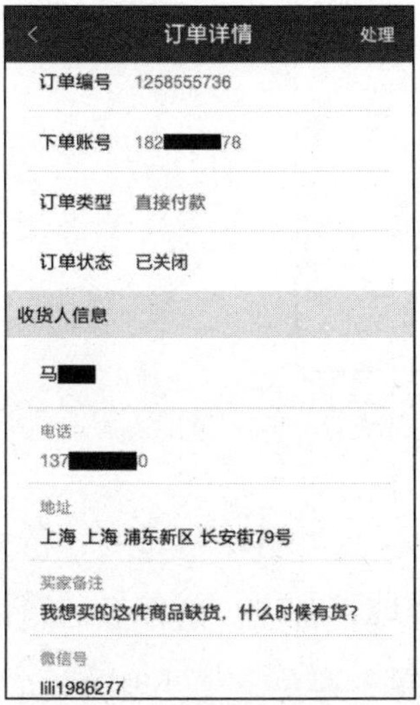


图 7-31　顾客填写买家备注和微信号

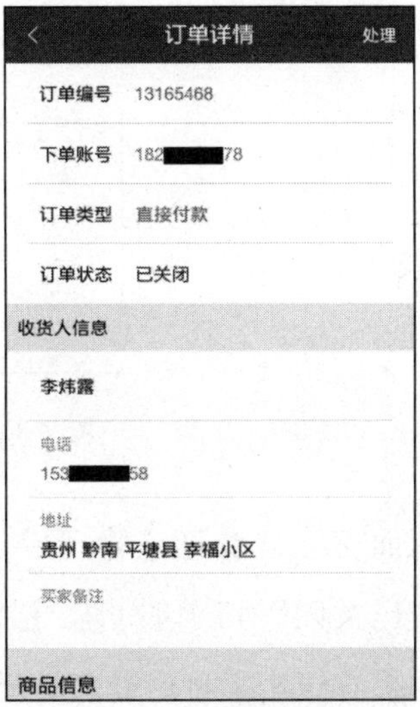


图 7-32　顾客未填写买家备注

一部分“已关闭”订单是因为店主未及时处理未付款订单而造成的；还有一部分则是店主处理未付款订单时，未能说服顾客继续支付而被动关闭的。所以，处理“已关闭”订单时，店主首先要查看订单信息，看看备注中是否有自己填写的信息，如果有相关信息（见图 7-33），就说明该订单已经处理过，无须再与该订单的顾客进行沟通。

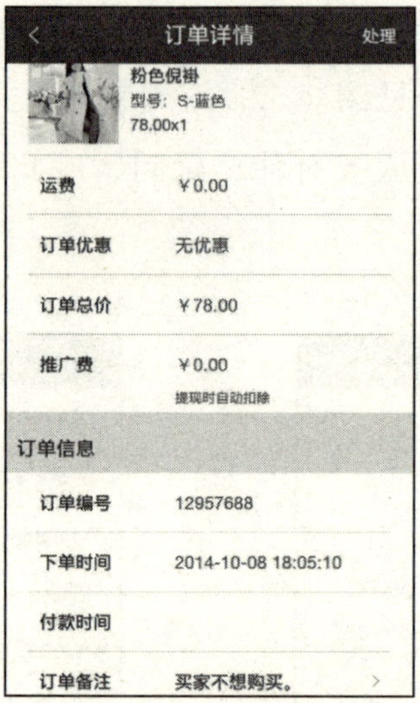


图 7-33　订单备注已填写

总而言之，在订单管理中，处理“已关闭”订单很重要，待处理完每个“已关闭”订单时，店主都需要认真填写备注。这样做的目的有两个：一是方便店主日后处理“已关闭”订单，避免重复处理同一个订单；二是方便店主根据“已关闭”订单反馈的信息及时调整店铺的商品，改善店铺的服务。

# 第8章

# 微店运营效果评估

微店每天都会产生大量的订单，自然就会产生大量的数据，如订单数量、成交金额等。这些数据的作用是巨大的。通过微店运营效果的评估，店主不仅可以分析出自己的店铺是否赚钱，还能及时调整营销策略，改善营销工作，从而让店铺长期、稳定地发展下去。

## 8.1 制定营销考核标准

评估微店营销效果时，店主要有一些参考依据，比如店铺的收藏数、访问量以及订单数量等。通过研究和分析这些数据，店主就能充分掌握营销收入与实际收益的对比情况，从而准确评估营销的效果。为了能够对营销效果作出正确的评估，很多店主都制定了相应的营销考核制度。

### 明确考核的目的、形式和范围

其实，制定营销考核标准并没有什么固定的模式。也就是说，衡量营销投资回报是没有一个所谓的最佳标准的，这与衡量店主的财务情况没有一个最佳方法是同样的道理。一般来说，企业财务状况的主要衡量标准是营业额、利润，这些指标同样适用于微店。

所以，在制定营销考核标准前，店主需要明确营销考核标准的目的、形式和范围。

### 同时评估短期与长期效果

微店的营销活动非常多元化，这就导致有些营销活动的效果能立即看到，而有些营销活动的效果却要经过漫长的时间才能渐渐显露出来。所以，在制定营销考核标准时，店主必须要根据营销活动效果的时效性进行通盘考虑，并针对这些特性制定不同的评估方法。

## 不同商品和市场的回报率不同

在制定营销决策的过程中，很多店主都容易陷入误区，他们总认为既定的商品所带来的回报，要比之前的商品投资所带来的回报更高。其实不然，因为不同的商品，其市场规模大小、利润率以及在竞争公司所处的地位都存在着很大的差异性，所以不同商品和市场的回报率也是不相同的。

在制定营销考核制度标准时，店主必须要意识到这些差异性的存在，并提前评估它们可能对财务状况产生的影响。

## 区别投资总体回报和边际报酬

店主在制定营销标准时要区分投资总体回报和边际报酬，并充分了解营销投资所带来的最终回报。因为随着时间的推移，营销效果也会不断变化。如果考核标准是有效的，店主不仅能跟踪并掌握边际报酬所带来的收益，还能找出营销活动的回报开始下滑的时间点。所以，营销考核标准必须能为店主提供营销活动中各方面的信息和反馈，只有这样，店主才能确定是哪件商品的投资无法带来预期的回报。

## 区别营销收益和效力

绝大部分营销考核标准都是用来衡量营销效力的，如与多少顾客进行了互动。但是也有一些标准是用来衡量生产效率的，如每次销售的平均成本。其实，这些标准各有用途，都能有效帮助店主有针对性地作出相应的决策。所以，店主绝不能只用一项标准来衡量营销效果，而要通盘考虑，这样店主的思考方向才不会过于片面，避免因错误的决策而导致不必要的损失。

在制定标准时，店主还需要将营销收益、效力以及生产率等指标考虑进去，尤其要区别营销收益与效力。店主应该提前预测出其对财务收益会有哪些直接或间接的影响，这样就能有效避免在日后的工作当中出现纰漏。

### 为未来的决策提供信息

店主所制定的营销考核标准必须能够为未来的决策提供依据，它不仅是店主日后评估营销效果的有力工具，还要能对未来的经济收益做出精准的预测。

店主做的各种营销活动能为店铺带来或多或少的收益，但很难统计某项营销活动到底带来了多少收益。一个好的营销活动考核标准可以为店主提供一个可信的、强有力的预测模型，以便店主对那些不具可比性的营销活动，如广告推广或商品促销等，做出准确的预测。

各种营销活动的回报都是不同的，如果店主想知道自己的每一笔营销投资到底能给店铺带来多大的收益，或者是什么时候才能够真正获得这些收益，就要在制定营销考核标准时考虑到财务表现。同时，店主必须认真权衡投资回报和伴随而来的风险，从备选的营销活动中作出最佳选择。

## 8.2 用好微店平台的分析工具

在微店的经营过程中，营销推广是必不可少的工作，而营销活动后的收益则是反映营销效果的有力指标，这些都可以在微店平台的数据统计功能中看到。店主可以借助微店平台的分析工具，对店铺的营销效果以及经营状况进行分析，通过营销前后数据的对比，正确评估微店运营效果，及时对营销策略做出相应的调整。

## 成交订单

在微店的“销售管理”中，有一项非常重要的功能是“成交订单”（见图 8-1）。在“成交订单”页面中，店主可以看到店铺每天的订单情况以及店铺月成交情况，甚至连月内订单都一目了然。

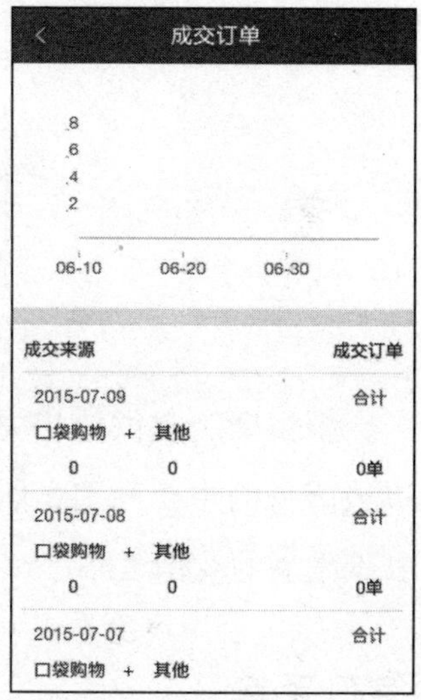


图 8-1 “成交订单”页面

如果成交订单数量呈递增态势，说明该店铺的营销工作做得很到位，营销效果不错。反之，店主就要引起重视，积极寻找原因并采取相应措施，妥善解决问题。可以说，成交订单呈现的态势是体现微店运营效果的最佳标准之一。

除此之外，店主还能清晰地看到订单的来源，是来自口袋购物，还是其他渠道，然后根据这些数据来正确评估微店在不同平台的营销效果，并及时改善营销方案。

## 成交金额

在微店销售管理中，“成交金额”也是一项比较重要的功能，它能够直接体现微店运营成果。在“每日金额”页面中（见图 8-2），店主可以了解店铺每天的销售金额以及成交来源。通过成交金额的数据图，店主可以轻松掌握店铺每月的销售情况，充分了解哪天的销售金额最高、哪天的销售金额最低。

图 8-2 “每日金额”页面

根据微店提供的相关数据，店主就能从中分析出店铺单日销售额增高或降低的主要原因，然后及时调整营销方案，从而制定更有利于微店长期发展的营销策略。

## 每日顾客

在微店销售管理中，店主不仅要掌握店铺每日的销售情况，还要掌握店铺的每日客流量，“每日顾客”功能可以帮助店主轻松做到这一点（见图 8-3）。

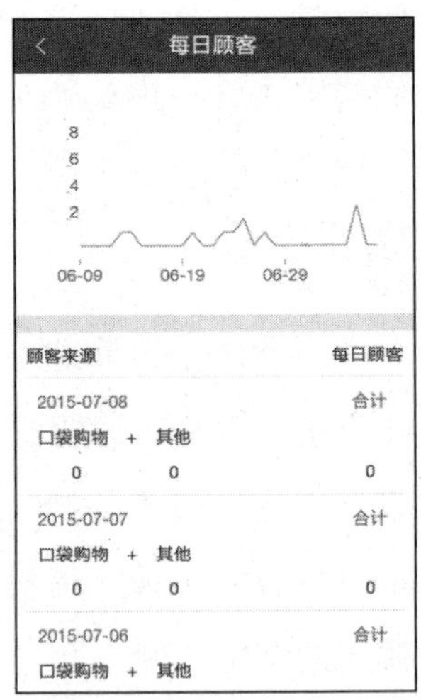


图 8-3 “每日顾客”页面

在“每日顾客”页面中，店主可以直观地看到每天访问店铺的顾客数，从而了解有多少潜在顾客转化为了真正的顾客。如果图中某段时期内，曲线呈递增或递减态势，店主还可以从中分析出每日访问量突增或递减的原因，再根据顾客来源的真实数据找出这些问题，从而有针对性地解决这些问题。

## 每日收藏

在微店销售管理中，“每日收藏”也是一项比较重要的功能，在一定程度上，它能够直接体现微店的营销效果。在“每日收藏”页面中（见图8-4），店主不仅可以了解到店铺每月收藏情况，还能看到店铺每日收藏数量以及收藏类型。

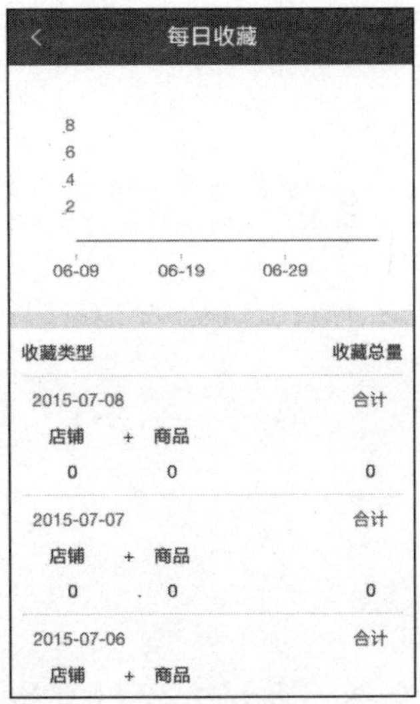


图8-4 “每日收藏”页面

从收藏类型中，店主不仅可以看到因喜欢店铺而收藏的顾客数量，还可以看到因喜欢商品而收藏的顾客数量。店主依据这些数据，就能从中分析出顾客收藏的真正原因，以及顾客收藏数量变化的原因。

如果商品收藏人数多于店铺收藏人数，极有可能是因为单次营销活动所带来的顾客数量增长。至于顾客为什么会收藏，则可能是因为该商品质量不错，或者是价格比较实惠。如果店铺收藏人数多于商品收藏人数，这就能充分说明店铺给人的整体印象不错，深受目标人群的喜爱。

## 商品曝光量

在微店销售管理中，还有一项比较重要的功能就是“商品曝光量”。店主通过商品曝光量可以看出今天和昨天的浏览商品的顾客数量（见图8-5），然后根据这些数据，对微店营销活动做出初步评估。一般来说，商品曝光量的人次数越多，说明微店营销工作做得越好，店铺的品牌知名度也越高。

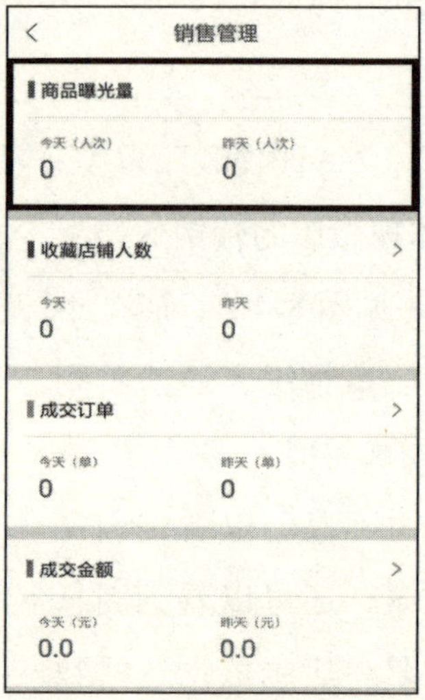


图 8-5　商品曝光量

## 8.3　如何评估微店运营效果

在微店的运营过程中，营销工作是重中之重，因为营销力度将直接决定微店的运营效果。如果店主想知道店铺的具体运营情况，可以对微店营销活动前后的指标变化进行评估。

### 粉丝数量

“得粉丝者得天下”，在粉丝经济时代，粉丝的多少意味着生意的成败。可以说，粉丝数量是评估微店营销效果的一个重要参考指标。在一定程度上，店铺的粉丝数量代表着店铺的知名度。在某项营销活动期间，如果微店粉丝数量不断增长，就说明了微店的营销工作做得相当不错。

在营销领域，一直盛传着一句话“一切以粉丝数量作为指标的行为都是耍流氓”。这句话放在微店营销领域中也同样适用，因为即便你拥有大量粉丝，但粉丝群中不乏很多“僵尸粉丝”，他们不能为微店创造任何价值。单纯地追求粉丝数量并不能创造价值。所以，店主在评估粉丝数量时，一定要结合店铺对营销工作的具体要求以及店铺商品或品牌的传播力度等，绝不能单纯地只看粉丝数量。

## 商品转化率

对店主来说，销量是直观体现店铺一切营销活动效果的指标。店主只要掌握了微店营销活动中某段时期内的商品点击率和商品销量，就能计算出商品转化率，这个指标是反映店铺营销效果的最佳指标。

在微店中，店主进行的一切营销活动，最终目的都是让顾客下单购买，产生交易，而商品转化率就是营销的结果，同时它也是评估微店营销效果最有效的凭据。

另外，店主还能从商品转化率直接看出商品销量的好坏，进而得知哪些商品的营销工作做得好，便于有针对性地研究和推广，也可将此营销策略应用在其他商品上，从整体上来提升微店的营销效果。

## 店铺点击率

微店运营效果如何，店主可以根据店铺点击率的高低来评估。通过微店点击率，店主不仅能充分了解微店的营销效果，还能及时做出相应的调整，以便最大化地通过营销活动达到营销目的。

## 店铺收藏人数

在微店中，店铺收藏人数也能直接反映微店的运营效果，因为只有顾客对店铺感兴趣，想要长期关注店铺的动态，才会收藏店铺（见图8-6）。由于顾客只能收藏或取消收藏，不能重复收藏，因此数据是真实可靠的。通过店铺收藏数，店主不仅可以直接看出自己微店的受欢迎程度，还能从侧面观察微店营销效果。如果店主想让顾客对自己的店铺感兴趣，就要多在店铺装修方面多下功夫。

图 8-6　店铺收藏人数

## 顾客评价

对微店来说，顾客评价是最能体现店铺营销效果的信息之一，因为顾客评价是顾客在店铺营销活动中对店铺或商品最直观的看法和感受（见图8-7）。在“宝贝评论”板块中，顾客通常会将自己的购物体验以及商品使用效果等通过文字表达出来。所以，店主想要直接了解店铺的营销效果或商品的受欢迎程度等，可以通过顾客评价中的内容或者是定期的顾客调研来了解实际情况。

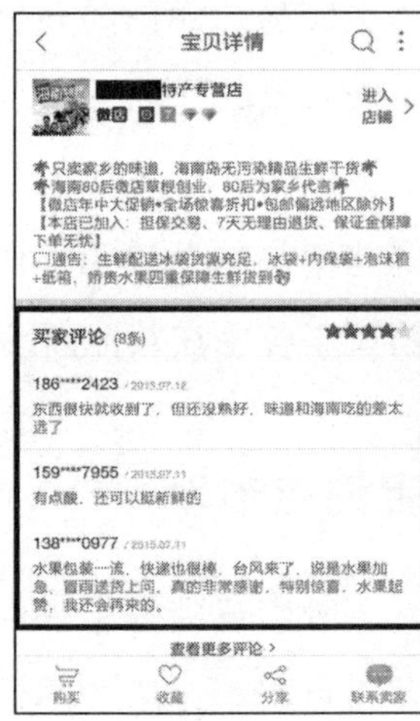


图 8-7　顾客评价

## 分享转发次数

做微店推广工作时，不管分享的是店铺的链接还是单个商品的链接，分享次数和被转发次数越高，说明店铺的曝光率越高，店铺受到的关注度就越高。即使这些关注店铺的顾客不会立即下单，也会在以后有需求时首先想到你的店铺。所以，借助微信公众平台的“分享转发次数”来评估微店的营销效果也是不错的微店推广方法。

### 互动频率

在微店中，顾客与店铺的互动情况也能反映微店的营销效果。当店铺进行营销活动时，参与互动的顾客数越多，产生的订单数也就越多；参与互动的人越活跃，微店营销活动越成功。

当然，顾客的活跃度可以通过营销的互动频率体现出来。互动频率主要包括顾客登录店铺的次数、下单量、交易次数等因素。店主与顾客互动频率越高，顾客对店铺的信任度和商品的认可度也会越高，活跃度也会越高。

## 8.4 销售业绩评估

在微店运营的众多评估指标中，最能体现出微店运营效果的是销售业绩。因为在微店的经营过程中，店主所做营销活动都是为了促使顾客完成交易，从而实现盈利。

如果将销售业绩作为评估微店运营效果的主要标准，并想客观、全面、准确地评估一个店铺的营销效果，就要从多个角度来观察和分析。

### 客单价

客单价是指每一位顾客每一次购买商品的平均金额，店主掌握了客单价，就能轻松掌握目标顾客人群的价格承受能力，并以此为凭据对商品价格做出适当的调整，促成交易。另外，店主还可以增加以平均单价为主的商品数量，并对商品的展示位置进行调整。

例如，店主可以在特殊的位置上放置一些高于平均单价的商品，并考虑设置“店长推荐”栏目，同时，店主也可以在明显的位置上放置一些低于平均单价的商品，目的是吸引那些注重实用性的顾客。

## 平均单价

平均单价是指销售额与销售件数的比值，它能够帮助店主了解顾客的消费水平，并及时调整自己的销售策略。与客单价一样，通过研究和分析平均单价，店主可以增加以接近平均单价的商品数量，并及时对相关商品的展示做出调整。

## 商品销售率

商品销售率是指已出售的商品数量与商品总量的比例，它能够帮助店主了解商品在营销期间内的实际售出情况。通过商品销售率，店主就能知道这一阶段商品的销售情况以及库存情况，再比较投入和产出，从而对店铺的投资比例做出及时调整。

如果产销率过高，店主就要及时补货、调货；如果商品销售率过低，店主就要仔细研究，并找到问题根源。如果商品滞销，店主就要及时制定出针对该商品的营销方案。

除此之外，店主还可以通过商品销售率对单品、团购品、热销品等有一个全面的了解，更细致地了解各类商品的销售情况，从而对微店的盈利情况和营销效果做出正确的评估。

## 附加率

附加率是指销售件数与销售单品的比值，它能够有效帮助店主了解有关商品的搭配销售情况以及顾客的消费心理。店主可以通过附加率准确判断出销售商品的搭配是否合理，并以此作为依据做出适当的调整，如更换商品展示位置，将搭配较为合适的商品放在相邻位置等。

## 销售费用占比率

销售费用占比率是营销推广所需费用与销售总额的比值。如果销售费用占比率较低，那么说明微店的营销效果非常好。相反，如果销售费用占比率较高，那么表示微店的营销效果不佳。这时，店主就要及时对营销方案做出调整，避免造成店铺亏损。

## 总销售额

总销售额是店主了解店铺整体效益的一项重要参考指标，它能够帮助店主快速掌握微店运营的大致情况。由于总销售额的高低能够直接体现微店营销效果好与坏。所以，店主必须用心观察和研究总销售额的变化趋势，制定相应的营销推广方案。

除此之外，店主还可以利用新顾客的增长率或成交率等指标来分析并评估店铺的销售业绩。店主只有正确地评估微店的运营效果，才能根据店铺的实际情况及时做出调整和改进。

总而言之，店主是不可能通过一个公式或指标就能评估微店的销售业绩和营销效果的，因为它是一个综合性的问题，也是一项很细碎的工作。它能够体现销售业绩的因素有很多，这就需要店主在经营微店过程中多观察、多研究、多总结，并及时改进。

## 8.5 粉丝质量评估

在粉丝经济时代，粉丝蕴含的力量是惊人的，他们能为你带来意想不到的效益。然而，粉丝经济也遵循“二八法则”：20% 的粉丝能为企业创造 80% 的业绩。这说明不同的粉丝能为店铺创造的价值也是不同的。拥有庞大的粉丝数量，并不能说明什么，关键在于你拥有多少高质量的粉丝。所以，要想知道店铺运营效果如何，店主就必须正确评估粉丝质量和作用。

### 僵尸粉丝

在微店中，有一部分顾客是被店铺的营销活动吸引过来的，他们只是进入店铺浏览一下商品而已，既没有与店主交流，也没有购买商品的意向，这种类型的顾客被称为“僵尸粉丝”。虽然他们进入店铺只是浏览而不会购买商品，但在一定程度上也能体现出店铺的营销效果，因为顾客的访问量和点击率将直接决定店铺的活跃度。尤其是他们对单一商品的点击率，在一定程度上还是能够反映出该商品的受欢迎程度。

### 潜在粉丝

在微店中，有些顾客进入店铺浏览商品时，对某件商品产生了兴趣，并与店主进行了交流，但最终因为某些原因没有完成交易，这种类型的顾客被称为“潜在粉丝”。

与僵尸粉丝不同的是，潜在粉丝可能只是因为没有找到符合自己需求的商品或其他原因而没有立即下单，但他们至少有购买的意向。他们极有可能在日后有需求时与店主达成交易。他们属于店铺的潜在顾客，其数量多少也能在一定程度上反映出微店的运营效果。

## 普通粉丝

在微店中，有过一次或以上购买记录的顾客有可能是被店铺的营销活动吸引过来的“路人”，也有可能是由“潜在粉丝”转变过来的，这种类型的顾客被称为“普通粉丝”。

在粉丝群中，如果普通粉丝所占比例比较高，这在很大程度上能够反映出微店的营销效果不错，反之亦然。而且，普通粉丝是可以进一步培养的，如果店主在日后，多与这种类型的粉丝进行互动，这些粉丝就有可能发展成为店铺最忠实的顾客。

## 忠实粉丝

只要有需求就会在第一时间想到你的店铺并在店铺中多次交易，这种类型的顾客被称为“忠实粉丝”。一般来说，忠实粉丝会经常光顾店铺，随时关注店铺的最新动态。一旦店铺有新品，他们就会购买。

忠实粉丝不仅能为店铺带来可观的收入，还能会为店铺带来很多潜在粉丝和普通粉丝，甚至是忠实粉丝。所以，忠实粉丝的价值不可估量，他们不仅是店铺利润的保证，更是维持店铺正常运营的坚定支持者。

不难看出，忠实粉丝是高质量的购买群体，这类粉丝数量的多少直接体现了店铺的真实运营效果。换句话说，要想知道微店是否赚钱，就看你拥有多少高质量的忠实粉丝。

在忠实粉丝中，由于他们的收入水平不同，其消费能力也不同，大致可以划分为低消费顾客、普通消费顾客和高消费顾客三大类型（见图 8-8）。

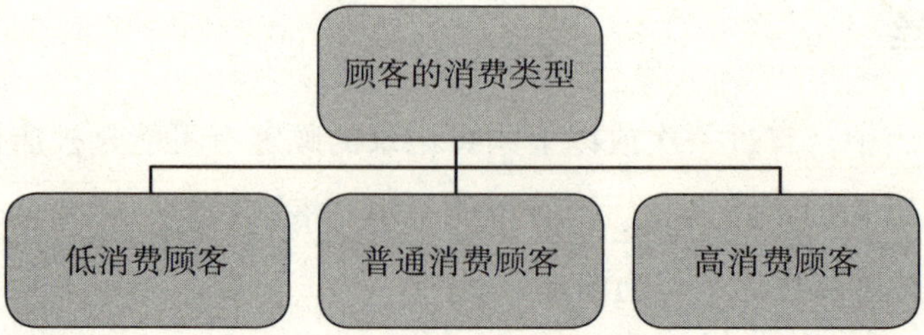


图 8-8　顾客的消费类型

1. 低消费顾客

低消费顾客由于自身收入水平不高，在日常消费中喜欢精打细算。这种类型的顾客在购买商品过程中，即便商品价格已经很优惠，但他们还会要求店主再优惠一些。遇到这种类型的顾客，店主绝对不可以失去耐心，对他们提出的要求应适当予以满足，他们极有可能下单。

2. 普通消费顾客

普通消费顾客拥有一定的经济基础，在日常消费过程中，只要是他们真正需要的商品，他们一般不会在意商品的价格。与这种类型的顾客交流时，店主无需交流过多，只要商品价格比较合理，他们一般都会很快下单的。这类顾客已经与店主建立一个长期稳定的信任关系，这类顾客数量越多，越能体现店主日常营销工作的到位程度。

3. 高消费顾客

高消费顾客收入高，拥有雄厚的经济基础，而且他们中的绝大数人都有着不错的个人修养。在日常消费过程中，他们会主动与店主交流，如询问商品的细节问题等。只要这件商品是他们真正需要的，且能为他们带来不错的购物体验，他们通常都会毫不犹豫地下单，很少在意商品的价格。

另外，如果商品质量存在问题或服务中某项环节没有做到位，他们会主动和店主交流，甚至会提出合理的建议。可以说，他们是最稳定、最安全的顾客，这类顾客数量越多，店铺的收入越可观，微店的运营越规范。

## 8.6 微店投资回报率评估

无论你做哪一行，售卖什么类型的商品，都会面临投资和回报的问题。在投资过程中，如果你投资的成本低于回报，就说明你盈利了，投资成功；如果你投资的成本高于回报，则说明你投资失败。在经营微店时，店主除了采购和营销会支出一定费用外，基本上不需要支出其他费用，这样看来，微店的投资回报率还是很高的。

不过，店主要想知道店铺是否盈利，还需要经过一番计算。一般来说，投资回报率是指通过投资获得的价值。在微店中，回报主要是指店主从货物采购和营销活动中得到的经济收入。通过投资回报率，店主不仅能充分了解店铺的盈利情况，还能从侧面观察微店的运营效果，为货物采购和营销活动提供参考依据。

### 以百分比表示投资回报率

店主经营微店一段时间后，可以通过投资回报率的计算公式得出投资回报率，看看自己是赚了还是赔了。比如，你投资了一个项目，总共花费了 5 000 元，最后你获得了 8 000 元。那么，该项目的投资回报率就是（8 000−5 000）÷ 5 000 × 100%=60%，投资回报率高达 60%。

由此可以看出，投资回报率的计算公式是：投资回报率 =（回报总额 − 投资总额）÷ 投资总额 ×100%。店主可以利用这个公式计算出微店的投资回报率，并根据计算出来的结果调整运营方向，使微店有更好地发展。

## 根据投资类别进行分别计算

在微店的经营过程中，由于店主所选的投资类别不同，其投资回报率也不同。店主在计算投资回报率时，不能笼统地计算投资回报率，要根据投资类型分别计算。比如，货物采购和营销活动，这两项投资的类别是不同的，店主需要分别计算它们的投资回报率，这样计算出来的投资回报率才是准确的。而且店主还能知道自己投资的项目中哪个项目回报率最高，以便投资时能及时做出相应的调整。

## 以“年”为一个周期来衡量

想要正确评估微店的投资回报率，店主可以将“年”作为计算投资回报率的单位。对微店来说，衡量周期过长过短都不好。如果周期太短，很容易产生误差。比如，店铺上个月多卖几件商品，这个月少卖几件商品，都会直接影响店铺投资回报率的准确性。如果周期太长，店主又无法及时评估微店的投资回报率，也就不容易及时调整店铺的运营方向，这样就容易导致店铺出现亏损情况。所以，店主在评估微店投资回报率时，最好以年作为周期，这样才能获得准确的判断。

# 好书推荐

## 基本信息

书名：《硅谷百年史——伟大的科技创新与创业历程》

作者：【美】阿伦·拉奥（Arun Rao）

皮埃罗·斯加鲁菲（Piero Scaruffi ）

定价：99.00 元

书号：978-7-115-34531-8

出版社：人民邮电出版社

出版日期：2014 年 4 月

## 推荐理由

★ 谷歌首席工程师吴军作序解读，王石点赞转发。

★ 入选新华网“2014 年度中国影响力图书”。

★ 全球首部硅谷编年体史书。

★ 60 万文字，数百位人物，近百家公司，100 多年的历史，一部高科技产业的史诗，一段用智慧创造财富的伟大历程。

## 媒体评论

看了一周，很惊喜，内容很丰富，也很好读，了解了很多关于硅谷的好玩儿故事。创业的激情很感染人，互联网思维改变世界！

hjmagic，当当网读者

非常厚的一本书，到手时惊呆了；但内容确实好读、有料，拿起来就一天都没放下。

XuLYC，京东网读者

厚重、有内容、不可多得的好书。要看懂未来，必先了解历史；有了跨越百年的视野，方能洞悉当下科技产业的大趋势。《硅谷百年史》为我们提供了这样的一种视野。

tina，亚马逊网站读者

编辑电话：010-81055647　　读者热线：010-81055656　81055657

# 好书推荐

## 基本信息

书名：《互联网时代营销圣经：社会化媒体营销全流程策划指南（第 3 版）》
作者：【美】朗恩·萨福科（Lon Safko）
定价：69.00 元
书号：978-7-115-38695-3
出版社：人民邮电出版社
出版日期：2015 年 4 月

## 推荐理由

★ 亚马逊网站“商业类”“营销类”NO. 1 畅销书。
★ 谷歌副总裁温特·瑟夫、Twitter 创使人比兹·斯通联袂推荐的企业生存手册。
★ 提供了 12 大类社会化媒体平台，SEO 优化、RSS、SNS、论坛、网游营销、网络推广、微博、播客、博客尽在本书。
★ 涵盖了 Facebook、谷歌、微软、YouTube 等企业的近 50 位互联网及营销精英的专家观点。
★ 收录了思科、丰田、苹果、迪士尼、欧莱雅等数十家企业的社会化媒体营销实例。
★ 讲述了中国、英国、加拿大、瑞士等 12 个国家各具特色的社会化媒体营销之道。
★ 解读了大企业和中小企业使用这些平台的方法和工具，并提供了营销渠道的整合策略。
★ 本书英文原版第 1 版上市 4 天便在全美销售一空，图书销量一直位居美国畅销书排行榜前 10 名。

### 媒体评论

互联网营销话题持续升温，本书提供了及时、有益的商业建议。

——温特·瑟夫（Vint Cerf）　谷歌副总裁、互联网之父

朗恩·萨福科在本书中回答了以下几个关键问题：为什么企业要进行互联网营销？如何进行互联网营销？如何获得最大收益？同时，本书也为企业指明了发展方向。

——杰夫·哈根（Jeff Hagen）　通用磨坊食品公司客户服务部主管

朗恩·萨福科是社会化媒体专家，也是一位伟大的沟通天才。在本书中，他以轻松、有效的方式把你引入了专业领域。

——汤姆·阿舍尔（Tom Asher）　李维斯北美消费者关系部主管

互联网营销和客户服务正在迅速融合。对于那些渴望在这一瞬息万变的领域保持领先的专业人士来说，本书是一本必读书，它既涵盖了社会化媒体基础知识，也包含了长期的社会化媒体营销策略。

——斯科特·罗斯（Scott Ross）　NCO 集团销售与市场部高级副总裁

有效利用社会化媒体的力量是各类企业的头等大事。本书信息丰富、设计巧妙，为企业正确使用社会化媒体描绘了一幅易于遵循的路线图。

——托德·西蒙（Todd Simon）　奥马哈牛排高级副总裁